MITOLOGÍA
MEXICANA PARA
NIÑOS

Mitología mexicana para niños es una recopilación de las creencias y mitos de nuestros antepasados.

En sus páginas encontrarás personajes tales como el dios del Sol, los dioses que crearon la Tierra, el dios del Fuego, el de la Lluvia, el del Viento y del Maíz, entre otros. También podrás conocer las principales ciudades y templos como Teotihuacán, Tula, Palenque y descubrirás hermosas leyendas acerca de los grandes guerreros y sacerdotes antes de la llegada de los españoles.

En *Mitología mexicana para niños* te adentrarás a un mundo fascinante y con ello conocerás algunas tradiciones que no se deben perder.

NÉLIDA GALVÁN

MITOLOGÍA MEXICANA PARA NIÑOS

SELECTOR
actualidad editorial

SELECTOR
actualidad editorial

Doctor Erazo 120
Colonia Doctores
México 06720, D. F.

Tels. 588 72 72
Fax: 761 57 16

MITOLOGÍA MEXICANA PARA NIÑOS

Diseño de portada: Alberto Flandes y Mónica Méndez
Ilustraciones de interiores: Alberto Flandes

D.R. © 1995, Selector, S.A. de C.V.
Derechos exclusivos de edición reservados para el mundo

ISBN: 968-403-844-5

Vigésima Segunda reimpresión. Agosto de 2004

PORTADA ▲

1. Serpiente
2. Águila
3. Nopal
4. Niña
5. Niño

SOLAPA ▶

1. Quetzalcóatl
2. Mictlantecutli
3. Huitzilopochtli
4. Tláloc
5. Tezcatlipoca

CONTENIDO

CONTENIDO

INTRODUCCIÓN

Este libro pretende ser como un barco que te llevará por los mares de la imaginación a los puertos del ayer. En él encontrarás historias de nuestros antepasados, que dejaron plasmada su cultura y su conocimiento como grandes observadores de la naturaleza en cada una de las obras artísticas y arquitectónicas que aún conocemos.

Asombrados ante los hechos extraordinarios, les surgieron inquietantes preguntas: ¿De dónde surgió el hombre? ¿Por qué de la tierra brota la planta y se perpetúa en la semilla? ¿Por qué el huracán y el temblor? ¿Por qué tanta maravilla en la tierra: el mar, las aves, el sol, los bosques, la luna, los animales y el cielo?

Cuando vieron la grandeza e inmensidad que los rodeaba, se esforzaron por comprender el misterio de la realidad y con los mitos y las leyendas crearon los cantos de la imaginación de su pensamiento y su creencia.

Interpretaron al mundo con su concepción de la dualidad, de lo bueno y lo malo, la noche y el día, la oscuridad y la luz... y así construyeron un mundo mágico de dioses fabulosos, como Quetzalcóatl, señor del alba y del crepúsculo.

Las historias que vas a leer son sólo una pequeña parte del asombroso escenario del pasado; relatos de lo que imaginaron hace cientos de años los antiguos mexicanos. En ellos identificarás las voces de muchos grupos indígenas diferentes, cada uno con su propia interpretación de la realidad y su cultura, cada cual con un estilo particular para transmitir su visión de la vida.

Estas historias las contaron los bisabuelos a los abuelos; los abuelos a los padres y los padres a sus hijos, a esto se le llama tradición oral. Por eso no sabemos quién las inventó, porque son de todo el pueblo que las fue contando. Posteriormente, los escritores las apuntaron para que muchos, al igual que tú, pudieran leerlas.

En México, sabemos de la grandeza de las culturas prehispánicas, pero también debemos darnos cuenta de que siguen existiendo diferentes grupos indígenas que defienden su cultura y su lengua y que todos formamos parte de una misma base y raíz de nuestra nacionalidad.

Este libro es una mínima muestra del gran conocimiento indígena, de ti depende seguir abriendo libros para que salten ante tus ojos mariposas del conocimiento, que te lleven al fantástico universo multicolor de nuestra historia.

DIOSES

He aquí el relato
que solían decir los viejos:
"En un cierto tiempo,
que ya nadie puede contar,
del que ya nadie ahora puede acordarse..."

OMETECUTLI Y OMECÍHUATL

Había un dios y una diosa: Ometecutli, señor de la dualidad, y Omecíhuatl, señora de la dualidad (*OME*, en náhuatl, significa "dos"). Eran habitantes del mundo de la oscuridad, donde no existía luz alguna ni astros o flores blancas... Allí todo era penumbra y monstruos al acecho.

Siempre fue lo mismo, hasta que el señor Ome realizó la hazaña de capturar a dos cocodrilos gigantes; uno sería para su esposa y otro para él: recorrerían el mundo de la noche eterna abordo de ellos.

En una noche cualquiera emprendieron el camino; a su paso sólo brillaban de repente los ojos de alguna bestia. Anduvieron de un lado a otro montados en los cocodrilos, mezclándose con todo tipo de criaturas. La señora Ome, movida por la curiosidad, se arriesgó a tocarlas queriendo hacerles caricias y, para su sorpresa, en cuanto detenía su mano en la cabeza de los monstruos, éstos quedaban hechizados y radiantes. Entusiasmado, el señor Ome empezó a hacer lo mismo; en la oscuridad absoluta, total, aquellas bestias parecían recobrar una luz maravillosa, como si hubieran pasado su vida acumulándola, esperando el momento adecuado para soltarla: las criaturas inundaron de lucecillas la oscuridad a través de los señores Ome, quienes fueron poblando de luces el universo. Y los monstruos nunca fueron ya monstruos sino astros pendiendo del cosmos.

La pareja de la dualidad regresó de su viaje abordo de los cocodrilos y tuvieron cuatro hijos: Quetzalcóatl, Tezcatlipoca, Camaxtle y Huitzilopochtli, a cada uno le otorgaron distintas cualidades para que crearan y protegieran la Tierra.

Tezcatlipoca y Quetzalcóatl escogieron un monstruo que tenía el cuerpo regado de ojos y bocas, y lo hicieron bajar del cielo para convertirlo en "señora de la tierra". Pero abajo de la gran cúpula celeste sólo había agua, y la bestia iba de un lado a otro sin ningún orden. Entonces, Tezcatlipoca y Quetzalcóatl planearon convertirse en dos grandes serpientes para dominar a la bestia y poder darle forma a lo que sería la Tierra.

Fue tanto el jaloneo con el monstruo, que éste terminó por romperse... y así, con una parte formaron el cielo y con la otra la tierra firme.

Al ver esa creación tan maravillosa, Camaxtli y Huitzilopochtli, sintieron vergüenza, pues no habían ocupado aún sus dones para ayudar a mejorar el mundo. De modo que consolaron a la señora Tierra por el daño que sus hermanos le habían inflingido al partirla y le ofrecieron sus dones. Camaxtli, el dios de la caza, le concedió que de la misma señora Tierra surgiera el alimento de los hombres. Huitzilopochtli creó, de los cabellos de la señora, los bosques, selvas y prados.

A fin de cuentas los cuatro hermanos cumplieron con los mandatos de sus padres, los señores Ome, y todavía hicieron muchas cosas, como el fuego y los trece cielos donde alojaron a distintos dioses, el sol, el calendario, y prácticamente no hay cosa sobre la **Tierra** de la que no **fueran** creadores los **cuatro** hermanos.

Muy satisfechos se sintieron Ometecutli y Omecíhuatl, los dioses cimentadores, al ver que sus hijos habían hecho bien su labor. Así que ellos desde el cielo del Omeyecualiztli sólo se encargaron de mandar gotitas a la tierra para que fueran el alma de los niños que estaban en el vientre de sus madres.

QUETZALCÓATL

Quetzalcóatl, dios del viento, estrella de la mañana y de la tarde, de la vida, de los gemelos y de la sabiduría, habitaba el cielo de Teoiztac, lugar mágico y lleno de misterio donde había un hermoso valle rodeado de jardines con flores que tenían al centro esmeraldas, turquesas, perlas, oro y plata, y los tallos eran de coral; había también azules lagos cristalinos cubiertos de majestuosas garzas blancas.

Quetzalcóatl era el dios blanco de barba larga y redonda que cuidaba las flores de sus jardines y ejercía la orfebrería.

De todo ese paraíso misterioso, lo más espectacular eran sus cuatro palacios. El prime-

ro era todo de esmeraldas y en su interior se apreciaba el color del mar. El segundo, hecho de corales rojos y conchas blancas, estaba cubierto por dentro de preciosos tapices de plumas. El tercero, donde acostumbraba ayunar, era de madera pintada de negro. Y en el último, de oro hermosamente labrado, tenía un pez de una escama de plata y otra de oro, que estaban como sueltas; una cotorra de cobre esmaltado que movía el pico y las alas, y un mono que tenía una sonaja en la mano, la cual agitaba mediante un raro mecanismo que Quetzalcóatl había fabricado.

Por tal habilidad, Chantico, la diosa del fuego volcánico, le enviaba valiosos cargamentos de piedras preciosas que tenía en abundancia en las entrañas de la tierra. A ella le agradaba obsequiar al dios los metales y las piedras preciosas para que realizara obras de arte.

En este mundo encantado del dios Quetzalcóatl, alumbraba la estrella de la mañana, iluminándolo todo con una neblina de color de alba sobre los palacios y jardines.

Un día llegó a visitarlo Camaxtle, dios de la caza y al verlo, Quetzalcóatl exclamó:

–Hermano, esa piel de tigre que traes al hombro es hermosa. No cabe duda, eres diestro y capaz, ágil y fuerte cazador.

Y Camaxtle le ofreció la piel para que Quetzalcóatl, que tenía en la cabeza un penacho de plumas de quetzal, la adornara con una diadema de tigre y se confeccionara también unas sandalias como esas que llevaba hasta las rodillas. Y así lo hizo. De los contento que estaba, pintó su cara y su cuerpo con rayas negras, se puso un collar con hermosos corales, una capa de plumas de guacamaya roja que parecían llamas; en su mano tenía un escudo con una espiral que simbolizaba el viento y en la mano derecha un blasón con cabeza de serpiente, lleno de piedras preciosas.

Entonces invitó a Camaxtle a conocer sus jardines. Los dos se dirigieron al lugar encantado y el dios de la caza estaba ansioso por ver el lugar que tenía fama entre los dioses de que en él se cultivaban las flores más raras y misteriosas y los pájaros más hermosos de pluma y canto.

Al estar Camaxtle frente a ese paraíso, comprendió que sólo Quetzalcóatl podía haber creado un mundo de tal belleza. Embelesado, admiraba la obra de su hermano; y de la alegría que sentía, lo abrazó.

Cuando Camaxtle partió, se fue feliz de haber estado en ese lugar donde todo era belleza y placer.

Al término de ese paraíso, se extendía un lugar sin murmullos ni paisajes. Era como si misteriosamente ahí terminara la vida. En ese lugar habitaba un extraño personaje: Molocatxin, señor del polvo divinizado, él era el pulverizador, era un ayudante de Quetzalcóatl que también tenía de nombre Ehécatl, dios del viento, y como promesa de lluvia se agitaba entre las nubes.

Ehécatl era un ser misterioso que pocos conocían y que barría y limpiaba los campos cuando los tlaloques anunciaban su llegada.

En el lugar de su dominio se escuchaban voces apagadas y extrañas, eran las voces del viento del señor invisible. Ehécatl tenía el poder del viento que sopla en todas direcciones. Si quería, enviaba los vientos suaves a correr por los valles, o los vientos fríos a soplar por las montañas. Cuando estaba enojado, mandaba vientos furiosos que algunas veces arrancaban los árboles, movían las piedras y levantaban grandes olas en el agua.

Este poderoso señor poseía cuatro casas misteriosas, situadas cada una en los puntos cardinales.

La casa del oriente era un paraíso, poseía arboledas multicolores y extraordinarios frutos, ahí estaba el viento que acariciaba las aguas y jugaba con los pájaros. La casa donde estaban los vientos de occidente era helada, ahí habitaba el viento más frío, el que parecía cuchillo que corta las carnes. La casa del norte guardaba el viento terrible, el que llevaba la muerte y destruía todo a su paso. La cuarta y última era la del viento del sur, el viento del medio día, viento furioso que levantaba montañas de agua sobre el mar, viento de las tempestades.

Quetzalcóatl, dios de la vida, la mañana, la bondad y la creación, se ponía el monstruoso disfraz de Ehécatl, con el que aparecía desfigurado, desnudo y con una trompa de pico de pato que utilizaba para soplar.

Así era el dios del viento, el dios creador que protegía todo lo doble. Quetzalcóatl, la serpiente emplumada.

TEZCATLIPOCA NEGRO

Tezcatlipoca fue dios de la primera edad –o sol–, y también quien se convirtió en estrella para luego transformarse en fuego. Era el dios de la noche y tenía el don de ser invisible a los ojos humanos y observar cuanto sucedía a través de un espejo de obsidiana; estaba en todas partes y leía el pensamiento de los hombres. Era el dios creador y destructor: dador de riqueza, pero también causante del fracaso y la ruina.

Los dioses sabían que al hombre le gustaba el misterio, lo fantástico y onírico, y en obsequio crearon para él un mundo de ilusión que habitarían los dioses Yohualtecutli, dios de la noche y señor de los sueños, junto con

Yóhuatl, señora de la noche. Era el mundo llamado Mexauhámatl.

Gracias a ellos, los hombres podrían crear en su mente un mundo a su vez maravilloso y lleno de ilusiones...

Quetzalcóatl quería que los hombres fueran felices con ese mundo interno, forjador de ilusiones. Tezcatlipoca, en cambio, pensaba que era un error crear ese universo y conceder a los hombres más bondades. Para él, la humanidad debía tener fe, desear la protección y guardar temor a lo oculto. Había de crearse un mundo de seres misteriosos, donde el hombre no se sintiera privilegiado y orgulloso, sino que respetara las cosas que no estuvieran al alcance de su comprensión.

Los dioses escucharon a Tezcatlipoca y acordaron crear un universo de sombras y fantasmas, donde él sería el primer fantasma.

Por las noches, en el silencio más total, cuando todos los seres dormían, Tezcatlipoca –que tenía la cualidad de hacerse invisible– dejaba su morada para golpear con una hacha cuanto se le pusiera enfrente, y el ruido era similar al que hacían los leñadores al cortar los árboles.

En otras ocasiones tomaba forma su cuerpo y deambulaba sin cabeza, o se convertía en hombre búho y cantaba de un modo siniestro, pues con sus cantos anunciaba la muerte.

Cuando los dioses hermanos de Tezcatlipoca se dieron cuenta de la gran variedad de seres malignos que éste había creado, pensaron que no era bueno que ellos aterrorizaran a los habitantes de la tierra y se pusieron a crear seres buenos que contrarrestaran la misión de esa multitud de fantasmas que aparecían en la oscuridad.

Quetzalcóatl, Hutzilopochtli y Comaxtle, dioses benéficos, crearon señores de noble corazón como:

Achane, "El que tiene su morada bajo el agua", protector de las aguas.

Chaneque, "señor pequeño habitante de cascadas y ríos", amigo alegre del hombre.

Sahántil, "señor de los acantilados".

Tlaloquíchpil, "pequeño varón que es hijo de la tierra".

Cuahshihua, "el guardián de los bosques".

Y muchísimos otros seres protectores de los hombres.

Los cuatro hijos de la pareja divina crearon el reino de lo invisible más grande que el mundo real que rodeaba al hombre. Y ese mundo más extenso fue poblado por infinidad de seres que tenían como misión unos provocar miedo y otros repartir cuidados y protección.

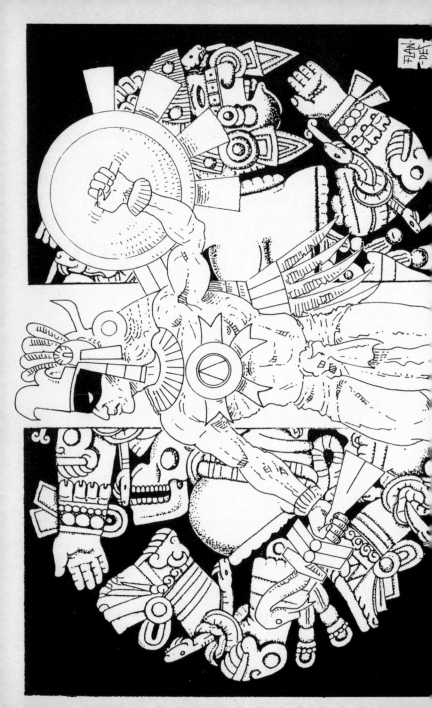

COYOLXAUHQUI Y HUITZILOPOCHTLI

En el cerro de Coatépec vivía la diosa Coatlicue; ella barría a diario el monte. Un día, mientras estaba barriendo, bajó del cielo una pelotita de plumas, parecida a un nidito de ave. A Coatlicue le pareció muy bonita y la guardó en su cintura, bajo su vestido, para mostrarla después a sus hijos, pero cuando terminó de barrer ya no la encontró.

Se olvidó de aquello y fue a buscar a sus hijos que eran muchísimos, se llamaban los Centzonhuiznahua, que significa "los cuatrocientos surianos". Tenía también una hija que se llamaba Coyolxauhqui: la diosa de la tierra y el maíz.

Pasó el tiempo y la diosa Coatlicue se dio cuenta de que estaba esperando un hijo, sorprendida, pues no sabía de quién podría engendrar, se lo contó a su hija Coyolxauhqui, que se puso muy celosa y enojada porque no quería tener otro hermano. Coyolxauhqui partió a informar a todos sus hermanos y les dijo:

—Hermanos, nuestra madre va a tener otro hijo, yo no quiero tener otro hermano.

—Tienes razón, hermana, nosotros tampoco lo queremos.

Así, los Centzonhuiznahua decidieron matar a su madre, inducidos por Coyolxauhqui, que era la más enojada de todos, porque Coatlicue no sabía quién era el padre de su nuevo hijo.

¿Tú puedes imaginar quién era el padre?

Pues nada menos que aquella plumita caída del cielo, enviada por los dioses, que entró al vientre de Coatlicue.

De ella nacería un dios muy poderoso, Huitzilopochtli: el dios de la guerra.

Coatlicue se enteró de que sus hijos planeaban algo muy malo contra ella, se atemorizó y lloró amargamente; entonces escuchó desde su vientre la voz de su hijo que le decía:

No tengas miedo, madre, yo sé lo que tengo qué hacer.

Coatlicue se quedó tranquila.

Los Centzonhuiznahua se juntaron para ir a la guerra, se vistieron como dioses poderosos y terribles; trenzaron sus cabellos, pusieron cascabeles en sus tobillos, pintaron sus rostros y usaron sus mejores armas.

Coyolxauhqui llevaba en las mejillas y tobillos cascabeles de oro que sonaban a su paso.

Uno de los Centzonhuiznahua se llamaba Cuauhuitlícac, él engañó a sus hermanos y todo lo que escuchaba se lo decía a Huitzilopochtli, que aún estando en el vientre de su madre lo escuchaba y le respondía:

–Hermano, vigila lo que hacen y escucha lo que dicen. Tú no te preocupes, yo sé lo que tengo qué hacer.

Los cuatrocientos surianos estuvieron listos para castigar a su madre y se fueron hacia el cerro de Coatépec. Era de noche, y no se percataron que debido al brillo de sus adornos y al ruido de los cascabeles que portaban, se veía por dónde iban.

Cuauhuitlícac subió a la sierra sin que nadie se diera cuenta y le dijo a Huitzilopochtli:

—Ya vienen contra ti, hermano.

Huitzilopochtli le respondió:

—Mira bien por dónde vienen.

Cuauhuitlícac respondió:

—Vienen por Tzompantitlan.

Huitzilopochtli preguntó de nuevo:

—¿Por dónde están ahora?

—Vienen por Coaxalpa —respondió Cuauhuitlícac.

Y otra vez dijo Huitzilopochtli:

—Dime, hermano, ¿por dónde vienen?

Y Cuauhuitlícac respondió:

—¿No los oyes? Están en Apétlac.

—¿Estás seguro? —dijo Huitzilopochtli.

—Sí —contestó su hermano—, pero ahora ya están muy cerca de aquí, y delante de ellos viene nuestra hermana Coyolxauhqui.

En ese momento nació Huitzilopochtli. Se puso su penacho de plumas de quetzal, pintó sus brazos y sus piernas de azul y los adornó con sonajas, plumas y cascabeles; en su frente puso una señal roja que simbolizaba la sangre, al nivel de los ojos pintó unas rayas diagonales rojas y azules, tomó su lanza de serpiente y su bandera de plumas de águila.

Huitzilopochtli dijo a un servidor suyo, que se llamaba Tochancalqui, que encendiera la serpiente hecha con antorchas, Xiuhcóatl. Y con esa serpiente hirió a Coyolxauhqui, que cayó fragmentada en pedazos en la sierra de Coatépec, la montaña de la serpiente. Después, Huitzilopochtli se levantó y se abalanzó contra sus hermanos, peleando contra ellos hasta que los hechó de Coatépec.

Los Centzonhuiznahua no pudieron hacer nada contra el gran poderío de Huitzilopochtli y ya abajo de la sierra, rogaban y suplicaban que no los persiguiera y además detuviera la pelea; pero el dios de la guerra no los escuchó. Los mató a casi todos y los despojó de sus vestidos, armas y adornos. Muy pocos escaparon y se fueron a un lugar llamado Huitztlampa.

TLÁLOC

T láloc, "el que hace crecer", dios de la lluvia
y el rayo, vivía en un hermoso palacio en
la cima de las montañas, donde siempre estaba
cubierto de nubes.

Con Tláloc vivían sus ayudantes, unos
hombres pequeñitos que le ayudaban a llover
por toda la tierra. El agua con que llovía la
guardaban en unos cántaros de jade, enormes,
en el patio del palacete; eran cuatro cántaros y
cada uno contenía distintas aguas; uno era de
agua helada, otro de agua mala que llenaba de
hongos malignos las cosechas; el tercero, seca-
ba los frutos, y el cuarto, contenía únicamente
agua buena, pura.

Cuando Tláloc ordenaba a sus ayudantes,
los tlaloques, que debía llover, éstos tomaban

el agua de los cántaros de jade y salían a regarla, en especial en los campos, y cuando se escuchaban truenos, eran los tlaloques que rompían los cántaros ya vacíos, luego aparecían rayos por todos lados, pero eran los pedazos de los cántaros rotos.

El dios Tláloc vestía de azul, como el color del agua, llevaba un collar de piedras verdes y sandalias de espuma de mar. Su rostro y cuerpo los pintaba de negro en representación de las nubes anunciando tempestad. Cuando las nubes estaban muy blancas, se sabía que era el dios Tláloc llevando su tocado de plumas de garza.

Un día, Tláloc salió a pasear por las praderas y se encontró con Xochiquetzali, la diosa de las flores, y de inmediato se enamoró de ella... pero la diosa no le correspondió. Tláloc entristeció y se encerró en su castillo sin querer ver a nadie, ni a sus ayudantes, los tlaloques, que estaban preocupadísimos porque el dios de la lluvia hacia tiempo no salía y las lluvias no podían llover solitas. Nunca hizo tanto calor como entonces. Los ríos, campos y sembradíos se secaron.

Tláloc se había vuelto cruel y malo. Los tlaloques sabían que si Tláloc no mandaba llover, la tierra de tan seca ardería en llamas, pero no sabían qué hacer y sólo se dedicaban a caminar de un lado a otro, entristecidos y gritando por las montañas: "¡El corazón de nuestro dios se ha llenado de amargura"!

Tláloc no hallaba consuelo ante la indiferencia de la diosa de las flores, Xochiquetzali, y lleno de ira y sinrazón, ordenó a los tlaloques: "Que todos sufran por la falta de agua, que los animales tengan sus bocas sedientas, las aves bajen sus alas, la hierba detenga su crecimiento".

Y así fue. Luego de un tiempo, uno de los ayudantes se atrevió a comentar: "Dios de la lluvia, existió un tiempo en que el agua era para regar los campos y florecieran los frutos... Ahora, el tesoro más preciado está escondido, inservible. La tierra está sufriendo, sólo hay dolor y tristeza: ...¿Hasta cuándo?

Tláloc al inicio montó en cólera, luego se quedó pensativo y, más tarde, llamó a sus tlaloques y dijo: "Que se rompan los cuatro cántaros , que haya truenos y rayos sobre la tierra, que las nubes se oscurezcan y el agua lo abarque todo".

Los tlaloques obedecieron aunque seguían inconformes pues la tierra se inundaría si rompían los cuatro enormes jarros. Tláloc se caracterizaba por ser un dios bueno y sus ayudantes no comprendían el comportamiento destructor por el que atravesaba. Seguía encerrado y sin oír consejos.

Los dioses se reunieron para buscar la solución al mal comportamiento de Tláloc, que permitía que muriera el hombre. Acordaron entonces ofrecerle una diosa en matrimonio, alguien que amara al dios de la lluvia y le hiciera olvidar sus tristezas. Pensaron en una y otra diosa, y nadie lograba ponerse de acuerdo, hasta que Quetzalcóatl propuso a la diosa Chalchiutlicue, diosa de la falda de jade y de las aguas. Todos los dioses estuvieron de acuerdo y fueron en su búsqueda. Cuando la hallaron, Tezcatlipoca tomó la palabra:

—Hermosa señora, no te asombre nuestra presencia... Te pedimos viajes al lado de Tláloc. Que le llenes de consuelo y alegría. Tú podrás conseguir que detenga la tempestad que azota la tierra. Tu dulzura es infinita, diosa Chalchiutlicue.

–Es mi deber estar al lado de Tláloc y lo haré –no dudó la diosa en contestar.

La de la falda de jade se vistió con sus ropas de ola y sus sandalias con caracoles y sonajas y pintó su cara de azul.

Tláloc se puso tan contento, que pidió a los tlaloques que lo adornaran con sus mejores galas y ellos al instante le colocaron la diadema de plumas blancas y verdes, le colgaron su gargantilla de corales, y en sus pantorrillas le pusieron abrazaderas de oro. Todos sus adornos representaban el granizo y las aguas. Además, colocaron en su rostro la máscara sagrada hecha de dos serpientes entrelazadas que formaban círculos alrededor de los ojos y cejas, y que simbolizaban las nubes. De la máscara salían unos dientes largos y agudos que simbolizaban la lluvia y el rayo.

Después de esto, llovió nuevamente agua buena para que los hombres participaran de la alegría de los dioses.

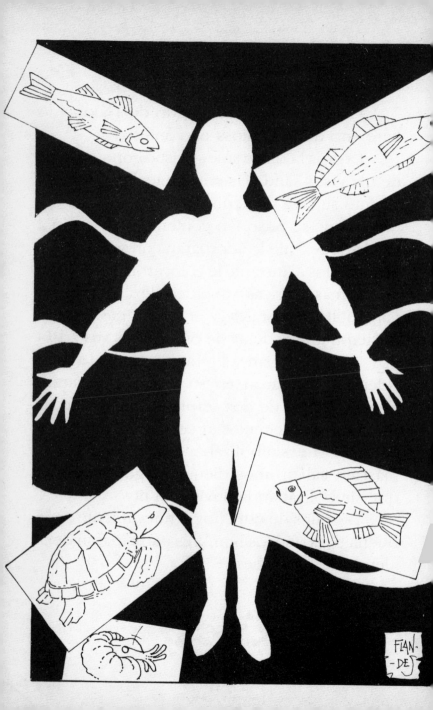

OPOCHTLI

Una vez que Tezcatlipoca y Quetzalcóatl formaron la tierra, el agua tomó su cauce y fue buena; se llenó de espumas y olas como montes y colores jamás vistos. El agua tenía vida y por eso habitaban en sus profundidades animales preciosos e increíbles, fantásticos, como no los hay en tierra.

Huayaucatlan era el mundo del agua salada y mala para consumir por el hombre; era el océano, y Opochtli uno de sus dioses, el dios de la pesca. Huayaucatlan era el "mar de los ancianos" por su espuma blanca que recordaba la cabeza cana de los ancianos, pegado a las costas donde reinaba Chalchiutlicue, diosa del agua.

Al mundo de las aguas le dieron por dios a Ilhuicácatl, "agua que se junta con el cielo", porque el horizonte parece besar el cielo y esconder entre sus aguas al sol en el ocaso.

Al mar también le llamaban Ucyéatl, "animales en movimiento", allí vivían todo tipo de peces buenos para el hombre, y crearon así al dios Opochtli, dios de la pesca, los hombres lo alababan ofreciéndole maíz verde, cañas de humo con tabaco, incienso blanco, sonajas y báculos con cascabeles.

Opochtli se los agradecía cuidando a los pescadores de la repentina violencia del mar y renovando los peces para que jamás faltaran.

Además, los dioses crearon otros mundos bellos de agua dulce, distintos del agua salada. Mundo de agua dulce buena para calmar la sed de todos los seres habitantes de la tierra, agua buena para las plantas y flores. Así crearon los Atóyatl, "ríos" grandes de agua "que va corriendo con gran prisa, agua apresurada en correr". "Agua brotada de profundas fuentes", "agua como pluma verde roca", tan fina "agua de fuente vergonzosa, que cuando se le mira deja de manar", "agua que mana suavemente, el

manantial", "agua de arena, agua muy buena"
y "el agua de la laguna".

Y estos mundos de agua, por la voluntad
de los dioses, fueron poblados por muchos
peces de agua dulce, peces blancos, camaro-
nes, ranillas, peces de ríos y manantiales, peces
pequeñitos, charales, ranas grandes y tortugas.

También crearon en estas aguas seres
bellos, como la flor de espuma, las flores que
nadan. Y creados los seres que formaron el
mundo del agua dulce y buena, y del agua
salada y mala para beber, pensaron entonces
que esos seres constituirían un buen alimento
para el hombre, y crearon un dios de la pesca,
llamado Opochtli.

Los dioses dieron al hombre el alimento de
la carne de animales terrestres y animales del
agua, y Opochtli al instante inventó el remo y
los lazos para atrapar aves, la red y los instrumentos para pescar, y por tales favores los
habitantes de la tierra le ofrecían maíz verde,
cañas de humo con tabaco, incienso blanco,
sonajas y báculos con cascabeles, además de
abundantes palomitas de maíz, que eran como
granizos atribuidos a los dioses del agua.

HUNAB

El creador del mundo maya era Hunab, y se creía que su hijo, Itzammá, señor de los cielos, de la noche y del día, había otorgado a los mayas la escritura, los códices y el calendario. Su culto estaba asociado a menudo con el de Kinch Ahi, dios del sol.

Chaak, dios de la lluvia, desempeñaba un importante papel en razón del clima. Se representa con una gran nariz, tanto en los códices como en las esculturas. Se le asociaba a Kukulkán, el dios del viento.

El dios del maíz se representó con los rasgos de un hombre joven portando una espiga de maíz.

Ah Puch era el dios de la muerte. A modo de cabeza tenía un cráneo descarnado y llevaba una cantidad de cascabeles. Como divinidad maléfica se vinculaba al dios de la guerra: Ek Chuah.

Finalmente, un antiguo rito maya que ha subsistido en la actualidad consiste en quemar copal durante las ceremonias.

LOS DIOSES CREAN EL MUNDO

*Entonces inventaron la cuenta
de los destinos, los anales y
la cuenta de los años,
el libro de los sueños...*

LOS CUATRO SOLES

Cuando los dioses ya habían creado la tierra, el agua y el fuego, los otros dioses de la región de los muertos, llamada Mictlan, se pusieron muy contentos por todo lo creado. Pero se dieron cuenta de que el sol no les había quedado bien pues alumbraba muy poquito y no calentaba.

Entonces se reunieron para ponerse de acuerdo y crear de nuevo el sol.

El dios Tezcatlipoca Negro tomó la palabra y dijo a todos que se ofrecía para ser el sol. Y empezó a alumbrar la tierra. Pero Quetzalcóatl al verlo, sintió deseos de ser quien alumbrara el mundo. Corrió hasta donde estaba Tezcatlipoca Negro y le dio un fuerte golpe para que cayera del cielo.

Cuando Quetzalcóatl vio que su hermano caía al agua, se hizo sol; pero Tezcatlipoca, que tenía el poder de convertirse en tigre, lo derribó de un zarpazo y luego se comió a unos gigantes que vivían en la tierra.

Muy enojado, Quetzalcóatl soltó los vientos y ciclones, la gente corría asustada por todos lados y decía:

—Si fuéramos animales, podríamos huir a los montes.

Al escuchar los dioses aquellas palabras, los convirtieron en monos.

Los dioses, como ya habían inventado dos veces al hombre, estaban muy desanimados, cuando de repente Tláloc les dijo:

—No se preocupen, queridos hermanos. Yo seré el sol.

Y en seguida alumbró la tierra. Todo parecía marchar bien. Pero Tláloc, que era el dios de la lluvia, hizo que empezara a caer fuego, los ríos eran llamas que salían de los volcanes.

Los hombres gritaban por todas partes:

—¡Ay, si fuéramos pájaros, para alejarnos de este calor!

Y los dioses confundidos por todo el desorden, convirtieron a los hombres en gaviotas, golondrinas, cenzontles, y en aves de todos tamaños y colores para que se salvaran.

—¿Qué hacemos, hermanos? —dijeron los dioses.

Y entonces Quetzalcóatl propuso a Chalchiuihtlicue, diosa del agua, para que fuera el sol; pero tampoco dio resultado, pues sólo logró inundaciones y lluvias.

—¡Ay, si fuéramos peces! —gritaban los hombres.

Y los dioses los convirtieron en peces y en todos los animales que existen en el agua de los mares, lagunas y ríos.

Como llovió por días y días, el cielo cayó sobre la tierra. Quetzalcóatl y Tezcatlipoca se transformaron en árboles para levantarlo, pero seguían muy tristes porque habían fallado en su intento de crear al sol, además habían terminado con el hombre.

EL NACIMIENTO DEL SOL Y LA LUNA

Existió un tiempo en que el mundo no era como lo conoces hoy... Entonces nunca amanecía; la luz aún no había nacido, era una eterna noche. A los dioses, como ya has de imaginar, eso no les agradaba, así que decidieron que era el momento de salir de la penumbra y reunirse para planear ese nuevo día. Esto también ocurría allá, en Teotihuacan:

—¡Venid, oh dioses! ¿Quién tomará sobre sí, quién llevará a cuestas la luz? ¿Quién alumbrará, quién se encargará del amanecer?

Y de entre los allí reunidos, se presentó a los dioses Tecuciztécatl.

—¡Oh, dioses, en verdad yo seré! —les dijo.

—¿Quién más? —preguntaron los dioses.

Todos se miraban entre sí, temerosos, pensativos, casi se escondían unos tras otros. Entonces los dioses se dirigieron a Nanahuatzin, quien, con cierta indiferencia, presenciaba aquello.

—¡Tú serás, oh Nanahuatzin, tú! –le dijeron.

—Está bien, oh dioses, con gusto lo haré... me han hecho un gran bien –respondió Nanahuatzin, pues realmente le complacía servir a los dioses

Tecuciztécatl y Nanahuatzin comenzaron a preparar sus ofrendas y a hacer ayuno durante cuatro días como penitencia, mientras los dioses encendían el fuego al que llamaron "roca divina".

Todo lo que Tecuciztécatl ofrecía a los dioses era precioso: plumas de quetzal, oro, espinas de jade, genuino copal –resina extraída de árboles tropicales–, y sangre de coral provocada por espinas de obsidiana.

En cambio, lo que ofrecía a los dioses Nanahuatzin eran cañas verdes y bolas de grama –cierta planta medicinal–, genuino ocote, espinas de maguey y lo que por ellas sangraba era puramente sangre.

A cada uno se les formó un monte donde hicieron su penitencia durante las cuatro noches. Esos montes después serían lo que conocemos como las pirámides del Sol y la Luna de Teotihuacan.

Al concluir la penitencia, regaron en la tierra lo que habían ofrecido y al llegar la medianoche los vistieron y adornaron: a Tecuciztécatl le dieron un tocado de plumas de garza y a Nanahuatzin le obsequiaron un tocado de papel.

Los dioses empezaron a reunirse alrededor del fogón divino; en medio colocaron a Tecuciztécatl y a Nanahuatzin: "¡Ten valor, oh Tecuciztécatl, arrójate al fuego!"

Sin tardanza, éste obedeció y se encaminó hacia la hoguera, pero cuando sintió el ardor del fuego, no pudo resistirlo y retrocedió. Tecuciztécatl sintió miedo. Aún así, lo intento una, dos, tres, cuatro veces más, sin embargo, no fue capaz de adentrarse en las llamas.

Entonces los dioses apremiaron a Nanahuatzin: "Ahora tú, Nanahuatzin... ¡Hazlo ya!"

Y Nanahuatzin se arrojó decidido. Hizo fuerte su corazón, cerró lo ojos y no vaciló para nada. Ardía ya en el fuego divino. La actitud decidida de Nanahuatzin hizo reflexionar a Tecuciztécatl sobre su conducta temerosa y, en un arranque de arrepentimiento, se lanzó a las brasas. Aunque para entonces ya era tarde...

En esos momentos, un águila descendió hacia el fuego y ardió con éste.... luego, súbitamente, un ocelote se dejó caer también en las llamas, que ya casi se apagaban.

De ese hecho se explica el negro plumaje de las águilas, y las manchas negras del ocelote.

Los dioses aguardaban, mientras tanto, a que por algún lugar del cielo apareciera Nanahuatzin, transformado en Sol.

Y el Sol llegó del Oriente. Llegó pintado de rojo, hiriendo la vista de quienes lo miraban de frente; era de un esplendor impresionante; sus rayos lo penetraban todo y a todo proporcionaba calor.

Tecuciztécatl salió después, venía detrás del sol y brillaba con igual intensidad. Los dioses se preguntaron entonces qué debían hacer con dos soles... pero uno de ellos, sin tomar parecer, cogió un conejo y con él abofeteó al segundo sol, opacando su brillo.

Inmediatamente, Tecuciztécatl, el segundo sol, se convirtió en la Luna.

Así acaba este relato que en los tiempos antiguos lo referían una y otra vez nuestros antepasados.

¿Qué será un ocelote? El sol es uniforme. ¿Pero la luna?... ¿Recuerdas las formas de la luna?

La creación del hombre

Al inicio de estas historias apuntamos aquello de los cuatro soles o "edades" por las que atravesó la humanidad antes de que los dioses crearan al hombre tal y como lo conocemos hoy. Es durante el quinto sol, cuyo principio tuvo lugar hace muchos, muchísimos años en Teotihuacan, bajo la adoración de Quetzalcóatl, que los dioses nuevamente se reunieron, preocupados por establecer una nueva especie humana sobre la tierra.

–¿Quién vivirá en la tierra?: Porque el cielo ya ha sido cimentado, y ha sido cimentada la tierra. ¿Quién vivirá en la tierra, oh, dioses? –se preguntaban afligidos.

Y luego se fue Quetzalcóatl al Mictlan en busca de los huesos preciosos y allí habló con Mictlantecuhtli, señor de la región de los muertos.

—Vengo en busca de los huesos preciosos que tú guardas; vengo a tomarlos.

—¿Qué harás con ellos, Quetzalcóatl?

—Los dioses desean que el hombre habite en la tierra.

—Está bien... has sonar mi caracol y da cuatro vueltas alrededor de mi círculo precioso —pidió a propósito el señor de la región de los muertos, pues en realidad no quería ceder los huesos para construir a los hombres.

Pero el caracol no tenía agujeros por donde Quetzalcóatl pudiera entrar a darle vueltas. Entonces el dios llamó a los gusanos para que le hicieran los agujeros y luego solicitó a las abejas para que entraran e hicieran sonar el caracol.

Al oírlo, a Mictlantecuhtli no le quedó más que decir: "Está bien, toma los huesos". Pero luego cambió de opinión y se dirigió a sus servidores: "¡Gente del Mictlan! Dioses, decid a Quetzalcóatl que tiene que dejar esos huesos, que pertenecen a las generaciones pasadas, que su lugar está aquí".

A lo que el dios Quetzalcóatl repuso: "Pues no, de una vez me apodero de ellos". Y se encaminó hacia donde estaban los huesos, pero luego reflexionó y, a través de su nahual –su doble–, les habló y les hizo creer que volvería para regresarlos: "Vendré a dejarlos", repitió la voz del nahual. Mientras tanto, Quetzalcóatl ya había subido por los huesos, estaban por separado los huesos de hombre y los de mujer y sólo era cuestión de amarrarlos y eso hizo y se los llevó.

Pero el señor de la región de los muertos nada más no estaba contento, y todavía se preguntaba: "dioses, ¿de veras se lleva Quetzalcóatl los huesos preciosos?"

Pero Quetzalcóatl ya estaba descendiendo del Mictlan. Entonces, a Mictlantecuhtli se le ocurrió de todos modos que aún era tiempo de rescatar los dichosos huesos y ordenó a sus servidores: "Dioses, id a cavar un hoyo... ¡Id a cavar un hoyo!". De inmediato, éstos fueron presurosos y se adelantaron unos pasos por donde pasaría Quetzalcóatl y, efectivamente, cuando éste pasó: ¡Pashs!... se tropezó y se cayó al hoyo.

Quetzalcóatl cayó muerto. Había soltado los huesos preciosos y se esparcieron por ahí, en la superficie. Unas codornices que andaban revoloteando observaron la escena y aprovecharon el deshuecerío para picarlos y roerlos, y no dejar uno con forma.

Al rato resucitó el dios Quetzalcóatl, angustiado y hablando con su nahual:

—¿Qué haré, nahual mío?

—Puesto que la cosa salió mal... ¡que resulte como sea! —le contestó aquél.

Quetzalcóatl juntó los huesos medios roídos, los recogió y se regresó a Tomoanchan, hecho un verdadero lío.

Tan luego llegó, la doncella Quilaztli los molió perfectamente y los puso en un barreño —vasija— muy elegante, mientras Quetzalcóatl descansaba de su misión. Después se juntaron los dioses y Quetzalcóatl sangró su cuerpo sobre los huesos molidos; todos hicieron penitencia y al fin decretaron: "Han nacido, oh dioses, los macehuales —los merecidos por la

penitencia–. Porque, por nosotros, otros dioses
también hicieron penitencia".

¿Sabías que?

El nahual era el otro ser en que se podían
transformar los dioses, pues tenían el don de la
dualidad.

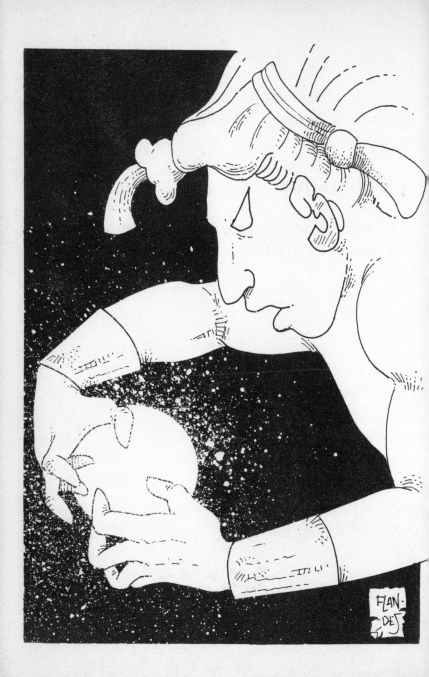

EL *POPOL VUH*

El *Popol Vuh* es el libro sagrado de la conocida cultura quiché-maya. Se le conoce también como el libro del Consejo o del pueblo, y es un testimonio de la manera como los antiguos habitantes de esta zona concibieron los orígenes del mundo, de los dioses y de las varias edades cósmicas.

Para relatar todas las historias que encierra el *Popol Vuh* necesitaríamos tantas páginas como las que forman todo este librito —y no pretendemos que nos botes por ahí, fastidiado—; por eso sólo anotaremos los orígenes del hombre según los quichés, con la confianza de que luego tú solo retomarás estas leyendas.

Antes de la existencia del ser humano, el mundo era un constante suspenso, inmóvil, silencioso. Sólo existía el cielo en toda su extensión y el mar en calma. Todo era oscuridad y vacío. Únicamente existían los progenitores, que eran grandes sabios: el Creador, el Formador, Tepeu "el Soberano" y Gucumatz, "culebra de plumas que anda en el agua", ocultos bajo plumas verdes y azules (permanecían en el agua porque los quichés asociaban el nombre de Gucumatz con el elemento líquido (*guc*, en maya, es el ave que conocemos como quetzal, el mismo nombre se da a las hermosas plumas verdes de su cola, a las cuales se designa *quetzaili*, en náhuatl).

En una noche de los días, Tepeu y Gucumatz comenzaron a platicar, a consultar entre sí la necesidad de la vida, la luz, el hombre.

En ese momento se les reveló que era el tiempo de crear al Hombre y su hábitat. Y la creación fue repentina, como un arte de magia... De entre la niebla se formó: "¡Hágase así! ¡Que se llene el vacío! ¡Que el agua deje paso a la tierra firme! ¡Que aclare y amanezca en el cielo y en la tierra!... No habrá gloria ni grandeza en nuestra creación hasta que exista la criatura humana".

Brotaron al instante de entre el agua, montañas y valles, y el agua tomó su curso en ríos, riachuelos y mares.

–Buena ha sido su venida, Corazón del Cielo, Chipi-Caculhá, Rax Caculhá, y tú Huracán –dijeron Tepeu y Gucumatz a los dioses que los auxiliaron en la creación–. Nuestra obra, nuestra creación, aún no ha terminado.

Y una vez creadas las montañas y valles y divididas las corrientes de agua, nacieron los guardianes de los bosques –"genios de la montaña"–, los venados, tigres, leones, serpientes, víboras, pájaros y demás animales. Concluido el reino animal y vegetal, les hablaron el Creador, el Formador y los Progenitores: "Hablad, gritad, llamad, según su especie... ¡Decid nuestros nombres, alabadnos, invocadnos!

Pero resultó imposible que los animales entendieran y hablaran. Inconformes, los hacedores de la vida los condenaron a los peñascos y barrancas, y a comerse unos a otros. Los dioses necesitaban seres que les rindieran culto.

¿Por qué los dioses habrían de necesitar "seres que les rindieran culto"?

"¿Cómo haremos para ser invocados, para ser recordados sobre la Tierra?", se cuestionaban los dioses. Hasta que acordaron probar a un nuevo ser hecho de lodo y, efectivamente, el hombre de lodo habló, pero sólo por algún tiempo; en realidad no entendía nada de lo que los dioses le decían, porque no tenía conciencia.

Otro problema no menor era que los hombres hechos de lodo ni siquiera podían mojarse, pues en cuanto se humedecían se deshacían de un momento a otro.

–Bien se ve que no puede andar ni multiplicarse –comentaron el Creador y el Formador, y desbarataron su obra.

Como era de esperarse en un dios, los dioses no se rindieron, y para el siguiente intento consultaron mejor con los adivinos si su nuevo ser funcionaría.

–Nos reunimos buscando encontrar que el hombre que formemos nos sostenga y alimente; nos invoque y recuerde con afecto –pidieron los dioses a la abuela del día y a la abuela del alba, Ixpiyacoc e Ixmucané–. Echad la suerte con vuestros granos de maíz y de tzité. Hágase y se sabrá si convienen labrarlos, tallar su boca y ojos en madera.

–¡Suerte criatura! –gritaron la vieja y el viejo adivinos y tiraron los granos en la tierra–. ¡Tú, maíz, tú, tzité, tú, suerte, tú, criatura! ¡Uníos, ay dadnos!... ¡Corazón del Cielo, no castigues a Tepeu y Gucumatz!

–Buenos saldrán vuestros muñecos en madera; hablarán y poblarán la faz de la Tierra –anunció la suerte.

Al instante fueron creados los muñecos de madera. Eran parecidos a los hombres y, tal como los dioses desearon, los muñecos podían conversar y hasta reproducirse, pero... sus hijos no tenían alma, ni entendimiento. Caminaban sin rumbo y de un modo muy peculiar: ¡andaban a gatas! Su cara era enjuta. Sus miembros eran flácidos. No tenían sangre, estaban resecos y amarillentos. Y, lo peor para los dioses: nunca se acordaron de sus creadores, pues no poseían conciencia.

Ellos fueron los primeros pobladores de la tierra, aunque los dioses los aniquilaron provocando un diluvio que lo inundó todo. Los muñequitos de madera perecieron ahogados.

¿Sabías que?

El tzité es un granito rojo –similar al frijol–, que usaban y usan todavía algunos indígenas junto con el maíz para sortilegios y hechicerías.

LA TRADICIÓN

Vengo de la casa de las finas mariposas;
abre su corola mi canto:
he ahí múltiples flores,
¡Una variada pintura en mi corazón!
¡Yo soy cantor y despliego mi canto!

EL MAÍZ

Seguro recordarás aquella narración de los cuatro soles o edades cósmicas, y la creación del quinto sol –la época en que vivimos actualmente–, que tuvo su origen allá en Teotihuacan bajo el reinado de Quetzalcóatl; ¿y la historia también protagonizada por él mismo en que renueva al hombre?

Ahora el propio Quetzalcóatl cierra su ciclo con el descubrimiento del maíz, "nuestro sustento".

–¿Qué comerán? ¡Oh dioses...! ¡Que descienda el maíz, nuestro sustento! –ordenaron los dioses una vez creados los hombres.

Cuenta la leyenda que un día, Quetzalcóatl se encontró con una hormiguita roja, en algún paraje de Teotihuacan; la hormiguita llevaba a cuestas un grano de maíz, y nuestro dios, que justamente andaba en busca del alimento que serviría al hombre, le preguntó, muy interesado: "¿De dónde has tomado ese maíz, hormiga?" La hormiga hizo como si no hubiera escuchado y se siguió de largo. Quetzalcóatl fue tras ellas algunos pasos más, insistiendo: "¿De dónde obtuviste el maíz, ah?" Al cabo de un rato insecto contestó: "En el Monte de nuestro sustento... No tienes más que seguirme".

Y efectivamente, la hormiga lo llevó al Monte, pero Quetzalcóatl era demasiado grande para caber en ese lugar como las demás hormigas. De modo que tuvo que recurrir a su nahual, convirtiéndose en una hormiga negra.

La hormiga roja lo esperó adentro y lo guió hasta donde estaba el maíz por montones, y le ayudó a sacar lo suficiente para que la hormiga negra lo compartiera con los dioses. El gran Quetzalcóatl le dio las gracias a la hormiga roja y allí se despidieron.

Quetzalcóatl cargó con su maíz y lo compartió con los dioses primero, y luego dio le de comer a la humanidad para que creciéramos fuertes, y el alimento fue bueno. Entonces hubo necesidad de más grano, pero era imposible convertirse a cada momento en hormiga y cargar el maíz de poco en poco. ¿Qué haremos con el Monte de nuestro sustento? –se preguntaban de nuevo los dioses.

A Quetzalcóatl se le ocurrió que podía cargar con el Monte, pero no lo consiguió... Los dioses entonces pidieron la ayuda de Oxomo y su mujer Cipactónal, para que echaran la suerte: "Solamente si Nanáhuatl lanza un rayo, quedará abierto el Monte de nuestro sustento".

Bajaron los tlaloques (dioses de la lluvia) y comenzó a llover; mientras Nanáhuatl lanzaba su rayo hacia el Monte y éste se abría, los tlaloques entraron a robar nuestro sustento: maíz, frijol, chía, bledo, pescado, entre otros alimentos que los dioses tomaron para la humanidad.

¿Sabías que?

En el simbolismo náhuatl los colores negro y rojo representan la sabiduría. De ahí que en esta leyenda la hormiga que guía a Quetzalcóatl sea roja, y negra en la que él mismo se convierte.

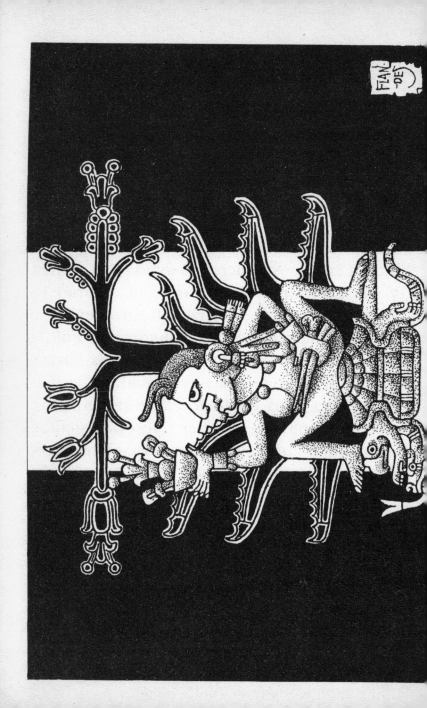

El maguey

Los dioses se sintieron muy satisfechos cuando los hombres ya tenían el alimento. Creyeron que ya habían terminado su obra, pero vieron que los hombres estaban tristes y un dios dijo:

—Debemos hacer algo para que el hombre se alegre, y cante y baile y sienta amor por la tierra.

Escuchó aquello Quetzalcóatl y recordó a una hermosa doncella llamada Mayáhuel, quien vivía con su abuela y otras diosas.

Quetzalcóatl fue en su busca, pero cuando llegó, todas estaban dormidas. Despertó a Mayáhuel y le dijo:

–Vine a buscarte para que vayas conmigo al mundo

Mayáhuel se levantó, muy lentamente, para no hacer ruido y no despertar a su abuela ni a las otras diosas. Entonces, Quetzalcóatl, dios del viento, la puso en su espalda y bajaron los dos a la tierra.

Cuando llegaron, de inmediato tomaron la forma de un árbol que tenía dos grandes ramas. Una era Quetzalcóatl y la otra Mayáhuel.

Mientras tanto, la abuela de Mayáhuel, despertó de su sueño y al no ver junto a ella a su nieta, la buscó por todos lados: Gritaba y gritaba, pero la joven diosa no apareció.

Entonces la vieja guardiana, llena de ira, les habló a todas las diosas que vivían con ella, las cuales se llamaban Tzitzime, "fantasmas", para que con su astucia la ayudaran a encontrar a su nieta. Todas unidas bajaron en busca de la doncella y del dios del viento, su raptor.

Cuando las diosas tocaron la tierra, se fueron por los montes. Unas por aquí, otras por allá, y no encontraban nada. Ya un poco cansadas decidieron sentarse y llegaron justo al árbol de las dos ramas. Mayáhuel vio a su abuela y a las diosas tan furiosas que empezó a temblar de susto e hizo que las ramas se desgajaran.

La vieja abuela, sorprendida, volteó de inmediato hacia las ramas y reconoció a su nieta. Tomó la rama y llena de furia la destrozó. Luego dio a cada una de las diosas un pedacito para que se lo comieran y después regresaron al cielo.

La rama de Quetzalcóatl no fue tocada ni por la vieja ni por las diosas. Quedó ahí, abandonada, y apenas se habían ido todas, Quetzalcóatl recobró su antigua forma, y comenzó a recoger los huesitos que habían escupido las diosas y que estaban esparcidos por la tierra y los fue enterrando por los campos.

De ellos brotó una planta llamada maguey, que abre sus aspas al viento y cuando éste sopla la hace cantar en agradecimiento a Quetzalcóatl y produce un vino blanco que beben los hombres.

Vino blanco y deleitoso y que si embriaga, no es por el mismo, sino por la preparación llamada pulque. Vino que deleita y alegra.

La música, el canto y el baile

Los dioses crearon el mundo, al hombre y su alimento. Y éstos los veían trabajar y vivir en paz, pero aún no estaban satisfechos del todo... algo faltaba, algo que alegrara las almas de sus criaturas y las distrajera luego de una larga jornada de trabajo... con lo que pudieran convivir unos con otros.

Como de costumbre los dioses se reunieron; Tezcatlipoca Negro quiso legarles la música, el canto y el baile y así fue.

Tezcatlipoca Negro, dios del "espejo humeante", buscó en la tierra a un jovencito para enviarlo al lugar donde se alojaban los músicos con sus respectivos instrumentos, con el encargo de trasladarlos a la tierra y poder disfrutar de sus secretos.

Tú te harás cargo de llevar la alegría a los hombres... Surcarás los mares y llegarás a la casa del Sol; ahí encontrarás a diversos músicos y cantores con gran variedad de instrumentos.

–Pero, ¿cómo he de llegar hasta el Sol, señor del humo? –preguntó con cierta incredulidad el jovencito.

–Cuando descubras el mar, pedirás ayuda a las tortugas, a las ballenas y sirenas y acudirán inmediatamente; juntas formarán un extenso puente que te llevará hasta donde el Sol.

–¿Y cómo sabrá el Sol que eres tú quien me ha enviado?

–Aprenderás un canto que entonarás en su presencia... Él te estará aguardando.

Después de varios días de camino, el muchacho llegó al mar y llamó a los seres acuáticos como le pidió Tezcatlipoca: aparecieron por diversos puntos unas ballenas grandísimas, las tortugas con la cabeza fuera de su caparazón y las sirenas entonando bellas y misteriosas melodías. Los animales se entrelazaron unos con otros formando efectivamente un puente multiforme que parecía no tener fin y que cualquier vista humana hubiera sido incapaz de abarcarlo en toda su extensión.

El muchacho emprendió el camino en busca del hogar del Sol; le llevó días enteros llegar hasta allá, y para entonces apenas nada se divisaba de la tierra. Comenzó por perder de vista las montañas y luego el reflejo de las aguas. Después ya no quiso mirar para abajo y prefirió mantener la vista al frente y caminar, caminar, caminar. Se detuvo por fin ante la puerta del Sol y, allí, de pie, entonó la canción que el dios negro le enseñara.

Resultó un canto tan armónico, que el mismísimo señor Sol se conmovió. Adivinando el significado de la presencia del chico allí, el Sol ordenó a sus músicos que se taparan los oídos para que aquel canto no los sedujera: "No le escuche nadie. No le respondan; aquel que se atreva a desobedecerme, tendrá que irse para siempre con ese mortal". A pesar de la amenaza, muchos ni siquiera tuvieron tiempo de cubrir sus oídos bajo el hechizo de ese canto enigmático y abandonaron la casa del señor Sol sin poder evitarlo. El muchacho seguía entonando la canción aprendida del dios mientras descendía por el puente, pero para desgracia del Sol, sus músicos poco a poco lo fueron abandonando y siguiendo al chico.

Ya en tierra, los hombres fueron a su encuentro y festejaron felices su primera fiesta; estaban tan contentos escuchando las melodías de los músicos y cantores traídos de donde el Sol, que, sin darse cuenta, comenzaron sus pies a moverse y dibujar inexplicables figuras.

La música, el canto y el baile... un regalo de Tezcatlipoca Negro.

¿Sabías que?

Sus instrumentos más importantes eran el teponaztli –un pedazo de tronco ahuecado–, que se tocaba con dos palillos y el huéhuetl –un tambor vertical de madera–. Usaban, además, flautas, silbatos y sonajas, realizadas con barro, caracoles marinos y huesos de animales.

CUAUHSHIHUA

EL GUARDIÁN DE LOS BOSQUES

Los dioses creadores miraban con enojo a los hombres que iban a los bosques, no a gozar de su belleza, sino a destruirlos.

Veían que los hombres arrancaban los hermosos árboles que ellos habían hecho brotar de la tierra para que lucieran en las montañas y dieran reconfortante sombra, pero los hombres parecían no darse cuenta de la destrucción que llevaban a cabo.

Entonces los dioses se reunieron para hablar de lo que estaba sucediendo en la tierra, pues si el hombre seguía talando los árboles, éstos se acabarían y sería la destrucción del hombre. Todos los dioses comentaron que tal

actitud era maligna y llegaron a la conclusión de que debían impedir tal maldad.

Pero Camaxtle, el dios de la caza, se negaba a ello, y les decía:

—¿Adónde irán los habitantes de la tierra a adiestrar su mano? ¿Para qué les va a servir el arco y la flecha?

Entonces sus hermanos Quetzalcóatl, Tezcatlipoca y Huitzilopochtli acordaron que sería bueno que hubiera un guardián de los bosques y así el hombre sólo tomaría lo necesario.

Y los tres hermanos crearon a Cuauhshihua, a quien ordenaron ahuyentara a los destructores de los bosques y de los animales que ahí habitaban.

Así, Cuauhshihua instaló su morada en lo más profundo de los bosques, entre las cuevas y las copas de los árboles y se encargó de que cuando el hombre cruzara su reino con malas intenciones, al instante salía asustándolo con fuertes ruidos y emitía espantosos alaridos que causaban temor y angustia.

Pero si el intruso no se olvidaba de sus malas intenciones, Cuauhshihua para advertirle el peligro, seguía atemorizándolo por su camino por la selva y si a pesar de los ruidos misteriosos de pavor surgidos en la espesura insistía en querer destruir o matar, entonces sería castigado por el guardián del bosque, que lo enloquecería y lo haría desaparecer.

Iztaccíhuatl y Popocatépetl

Tonatiuh, "el dios sol" y su familia, vivían en el cielo trece, en un palacio inmenso rodeado de jardines increíbles y sin embargo verdaderos. Habitaban en el reino de la luz perpetua. De la luz de oro. Todo era claridad resplandeciente... No sabían de las noches y sus angustias. Eran felices.

El príncipe Izcozauhqui era hijo de Tonatiuh y si algo le fascinaba eran sus jardines, cuidarlos, apreciarlos, recorrerlos. Izcozauhqui pensaba que su reino lo era todo, que más allá no existía cosa mejor. Pero un día escuchó hablar de los hermosos jardines de los señores Tonacatecutli, y decidió salir de su cielo para visitarlos y constatar la belleza de esos prados.

Apenas entró en donde vivían los señores Tonacatecutli, la luz ya no era la misma, el verdor del los prados era más intenso y las plantas, los arbustos, y todo cuanto ahí había sembrado parecía más fresco, como recién bañados por el rocío. A lo lejos divisó un lago de aguas muy diáfanas y resplandecientes, tanto, que sólo mirarlo provocaba encandilamiento. El príncipe se fue acercando, maravillado, pero al llegar a la orilla, el lago perdió su esplendor comparado a lo que veía: una doncella ataviada de plata estaba al pie del lago. Verse fue enamorarse.

La doncella y el príncipe no imaginaban que pudieran sentir más felicidad que la de costumbre; su amor era correspondido con la misma intensidad y los dioses aprobaban su relación. Pasaban los días juntos, saltando de un cielo a otro hasta recorrerlos todos, pero entonces los dioses les hablaron, advirtiéndoles que no debían ir más allá de los trece cielos, pues de otro modo serían castigados.

Pero el príncipe y su amada ya conocían todo lo celeste que pudiera existir y sentían curiosidad por saber lo que se hallaba bajo la bóveda de los dioses; sin pensarlo, caminaron por la senda que llevaba a la Tierra. ¡Cuán distintos eran los dos mundos!... En la Tierra el Sol no brillaba igual ni duraba todo el tiempo. Pero era más rico en paisajes, en color, en las texturas en que estaba hecho, en la variedad de criaturas que lo habitaban, en los sonidos que allí se escuchaban, y ya entrada la noche, el reino de los cielos iluminando y cubriéndolo todo. "¿En qué otro mundo había tanta belleza junta?", se preguntaban el príncipe y la doncella que decidieron vivir para siempre en la Tierra, instalándose cerca de un lago rodeado de valles y montañas muy hermosas.

"¡Jamás volverán a entrar a las mansiones celestes. Sufrirán por su desobediencia!", hablaron los dioses. Y la doncella cayó enferma. Izcozauhqui no hallaba remedio para el mal, ni suponía qué pudiera aquejar a la doncella... Ella sí sabía que su enfermedad sólo era castigo de los dioses.

No existiendo remedio para la ira de los dioses que se sentían traicionados, la doncella le confió su muerte al príncipe; le pidió que la llevara a una de esas montañas que acostumbraban divisar desde su lecho, para que desde allí pudiera mirar y sentir más cerca su casa celeste.

El príncipe caminó los días y las noches para llegar a la punta de la montaña y cumplir con los deseos de su compañera. Cerca del lecho de su amada, encendió una antorcha para darle calor como si en realidad la doncella únicamente durmiera. Izcozauhqui, permaneció a su lado, inmóvil, pensativo, hasta que el sueño eterno se apoderó de él.

De este modo se convirtieron en la mujer dormida y el cerro que humea; Iztaccíhuatl, ella; Popocatépetl, él.

¿Sabes qué?

El volcán Popocatépetl tiene una altura de 5 450 metros y el Iztaccíhuatl 5 386 metros de altura.

La Doncella, Ixbalanqué y Hunahpú

Esta es la historia de la doncella Izquic, hija de un señor llamado Cuchumaquic, quien acostumbraba contarle la leyenda de un árbol de frutos muy extraños... Al crecer la doncella se preguntó por qué no habría de ir ella a conocer ese árbol, "ciertamente deben ser sabrosos los frutos de que oigo hablar", y se puso en camino. Una vez frente al árbol, Izquic quedó fascinada por esos frutos tan redondos que cubrían todo el árbol, y se acercó a coger uno.

–¡¿Qué es lo que quieres?! –habló el árbol–, estos objetos redondos que cubren las ramas, no son más que calaveras... –le previno la propia cabeza de Hun-Hunahpú–. ¿Por ventura los deseas?

–Sí, los deseo, –contestó la doncella.

–Bien –dijo el cráneo a la doncella–, extiende hacia acá tu mano derecha..

–Sí –replicó la joven–, levantó su mano y la extendió hacia la calavera.

Entonces la calavera lanzó un chisguete de saliva, que cayó en la palma de la mano de la doncella. Ésta miró con atención su mano, pero la saliva del cráneo ya no estaba en su palma.

–En mi saliva y en mi baba te he dado mi descendencia –dijo la voz del cráneo–. Ahora mi cabeza ya no tiene nada, no es más que una calavera sin carne. Así es la cabeza de los grandes príncipes, la carne es lo único que les da hermosa apariencia. Cuando mueren, los hombres se espantan a causa de los huesos. Así también es la condición de los hijos, son como la saliva y la baba, ya sean hijos del señor, de un hombre sabio o de un orador. Su condición no se pierde, cuando se van: se hereda. No se acaba, ni desaparece la imagen del señor, del hombre sabio o del orador. La dejan en sus hijas y a los hijos que ellos conciben. Esto mismo he hecho contigo. Sube a la superficie de la tierra, no morirás. Confía en mi palabra y así será –prometió la cabeza de Hun-Hunahpú.

Y cuando la doncella Izquic volvió, dio a luz al héroe maya Hunahpú y a Ixbalanqué. Hijos de aquel cráneo descarnado.

Regresó a su casa la doncella y pasados seis meses, su padre advirtió el estado de Izquic.

–Mi hija está preñada... ha sido deshonrada–, exclamó Cuchumaquic– ¿De quién es el hijo que llevas en el vientre?

–No tengo hijo, señor padre, aún no he conocido varón –le respondió la doncella Izquic.

–Entonces eres una ramera... ¡Llevadla a sacrificar! –ordenó el padre a los búhos–; traedme su corazón dentro de una jícara hoy mismo.

Cuatro búhos cargaron con la doncella, llevaban la jícara y un cuchillo para sacrificarla, pero en el camino Izquic se las arregló para que los búhos le perdonaran la vida y los llevó a un árbol del que brotó una savia parecida a la sangre y, ya en la jícara, tomó la forma y consistencia de un corazón; los búhos le desearon buena suerte y regresaron con el señor Cuchimaquic. La doncella fue en busca de la madre de aquel cráneo que en realidad pertenecía a dos hermanos... Cuando Izquic se presentó en casa de su suegra, le dijo:

—He llegado, señora madre; yo soy tu nuera y tu hija.

—¿De dónde vienes tú? ¿En dónde están mis hijos? ¿Por ventura no murieron en Xibalbá?... ¡Vete! ¡Sal de aquí!... ¿No ves a éstos —señaló la abuela a sus dos nietecillos—, herederos del linaje de mis hijos?

—Y, sin embargo, es la verdad; yo soy tu nuera. ¡Pertenezco a Hun-Hunahpú!

Hun-Hunahpú y Wucubhunapú eran dos hermanos semidioses, excelentes jugadores de pelota. El primero tuvo dos hijos, extraordinarios artistas. La gente de Xibalbá —"el país oculto" o región de los muertos— envidiaba a los dos hermanos por su manera de jugar y un día los invitaron a Xibalbá, con el pretexto de querer competir con ellos. Hun-Hunahpú fue derrotado y allí murió. La misma gente colocó su cráneo entre un árbol.

La abuela no creyó en lo que la doncella le platicó, pero le convenía tener cerca a una mujer que le ayudara a llevar la casa, ya que sus nietos sólo se entretenían en cantar y tocar flauta, en pintar y esculpir y eso era el deleite de la viejecilla.

Hunahpú e Ixbalanqué nacieron en un instante en que Izquic andaba en el monte; la abuela ni siquiera se dio cuenta y ni caso les hizo, pero ya de noche como los bebés no la dejaban dormir de puro llorar y, le ordenó a sus nietos: "¡Anda a botarlos afuera!".

Los nietos salieron con los recién nacidos y los depositaron en un hormiguero. Y Hunahpú e Ixbalanqué durmieron tranquilamente allí, en el hormiguero; luego los amados nietos los trasladaron a un espinal, pero ni allí murieron los chiquillos.

Crecieron en el campo y pocas veces se paraban en casa de su abuela. Los nietos amados cultivaron las artes y no existía oficio que no supieran hacer, eran grandes sabios, pero nunca quisieron a sus hermanastros.

Hunahpú e Ixbalanqué crecieron entre los animales y la naturaleza, convirtiéndose en los mejores cazadores y aventureros del mundo quiché-maya. Fueron semidioses y protagonistas del *Popol Vuh*, libro sagrado.

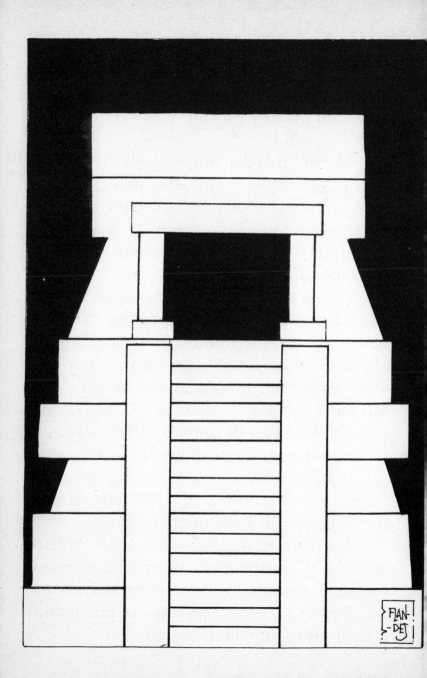

LOS CALENDARIOS

Yo canto las pinturas de los libros,
lo voy desplegando,
soy cual florido papagayo,
hago hablar los códices...

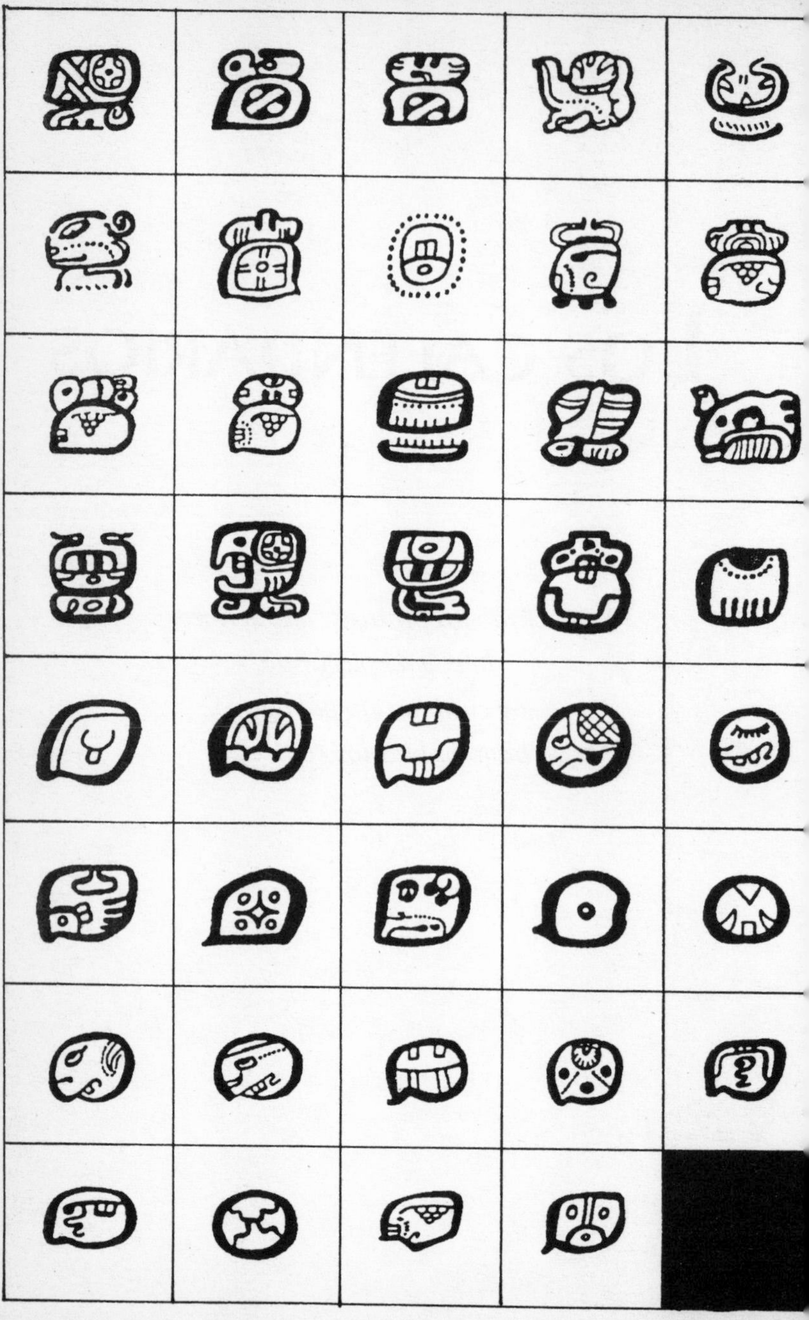

EL CALENDARIO MAYA

La religión y el calendario estaban íntimamente relacionados, cada uno de los periodos calendáricos tenía una deidad que lo protegía. Los mayas creían en la inmortalidad del alma y en una vida ultraterrena.

Concedían un valor mágico a ciertos números como el 4 y 13, además trece eran las divisiones del cielo y trece dioses las regían. Trece también eran los números simbólicos.

Los mayas poseían conocimientos matemáticos muy avanzados que sorprenden aún. Tomando como base sus conocimientos aritméticos, desarrollaron un sistema de calendario cada vez más complejo. El primer calendario fue el lunar, formado por trece meses de 20 días cada uno, que hacían un total de 260 días. Luego éste se convirtió en un calendario adivinatorio llamado tzolkin.

La vida cotidiana estaba regida por un calendario solar compuesto por 18 tunes o meses de 20 días, que hacen un total de 360 días, más cinco días aciagos –de mal agüero– sin nombre.

Combinando los dos calendarios se formó un ciclo de 52 años llamado Rueda Calendárica. Ésta fue la unidad cronológica o, mejor, el siglo indígena que prevaleció en Mesoamérica y que en la región maya se conoció como Cuenta Corta.

Tiempo después desarrollaron un sistema de cálculo –único en Mesoamérica y en el mundo– denominado Cuenta Larga, iniciado a partir de una determinada fecha o "era única". Esta cuenta se inició el año 4 uhau 8 cunku, que corresponde al 12 de agosto de 3130 antes de Jesucristo. Para el cómputo del tiempo, los periodos van de 20 en 20, y por ese tipo de sistema nunca tuvieron el "error" del año "bisiesto" de Occidente.

Sus conocimientos astronómicos y matemáticos les permitieron hacer cálculos sobre el ciclo de Venus, e incluso predecir los eclipses.

¿Sabías que?

Son bisiestos los años en que sus dos últimos números son divisibles por cuatro. La duración verdadera de un año es de 365 y un cuarto, y cada cuatro años se le agrega un día al mes de febrero haciéndolo de 29 días en vez de 28.

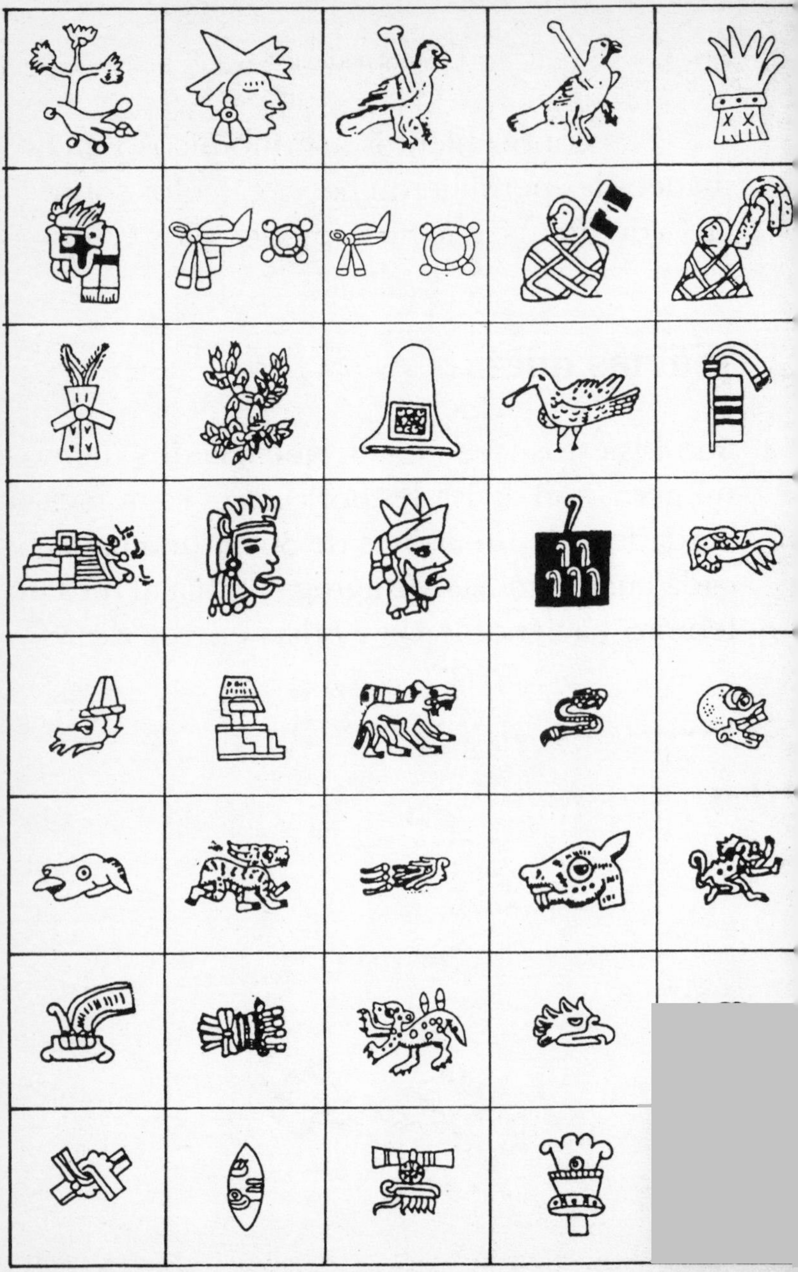

EL CALENDARIO AZTECA

El año civil de los aztecas se dividía en dieciocho meses de veinte días cada uno, a los que se añadían cinco días intercalados que se consideraban infaustosos o desgraciados, para llegar al número de 365.

Tanto los meses como los días se representaban con jeroglíficos específicos. A su vez, cada mes se dividía en cuatro semanas de cinco días.

Había un problema de seis horas restantes, pero se solucionaba intercalando doce días y medio cada ciclo de 52 años. El paso de un ciclo al otro era interpretado como el fin de una era, festejando con gran pompa. Durante los 52 años permanecía prendido el "fuego sagrado" que al finalizar el ciclo se apagaba, y luego se volvía a encender en el curso de la ceremonias prolongadas, como signo del "don, renovado de la vida". El estudio de la famosa piedra del Sol –inicialmente se creía que era un calendario, pero es un monumento al dios del Sol–, demuestra que los aztecas sabían fijar con precisión las horas del día, dividido en dieciséis partes, además de conocer el periodo de los solsticios y equinoccios.

¿Sabías que?

El solsticio sucede cuando el Sol se halla más lejos del Ecuador: el solsticio de verano ocurre entre el 21 y 22 de junio y el de invierno del 21 al 22 de diciembre.

El equinoccio ocurre cuando los dos polos de la Tierra se encuentran a igual distancia del Sol. Esto sucede el 21 o 22 de marzo y el 22 o 23 de septiembre.

CIUDADES Y TEMPLOS

Haciendo círculos de jade
está tendida la ciudad,
irradiando rayos de luz
cual pluma de quetzal
está aquí México...

TEOTIHUACAN

Los dioses crearon en la tierra un lugar bañado con la esmeralda de la vegetación. Todo era perfecto, hermoso y lleno de colorido: Teotihuacan, la ciudad de los dioses.

Ése era el lugar donde la serpiente aprendía a volar; es decir, donde el hombre alcanzaba la categoría de ser celeste. Los señores que ahí eran enterrados se convertían en dioses: Al morir, en realidad despertaban de un sueño que habían vivido, por eso cuando los hombres morían, no perecían, sino que de nuevo comenzaban a vivir y los habitantes del cielo decían:

"Señor o señora, despierta que ya comienza a amanecer, ya es el alba, ya comienzan a cantar las aves de plumas amarillas, ya andan volando las mariposas de diversos colores. No has venido sino a soñar a la tierra."

Teotihuacan tal vez sea la ciudad prehispánica más grande que se conoce. De lo que no cabe duda es de su eminencia como foco cultural y su influencia en otros pueblos. Fue una urbe creada de acuerdo con un plan preconcebido, de entre las "grandes" aglomeraciones de la antigüedad.

Teotihuacan sobresale por su extraordinaria planificación urbana; toda la ciudad se encontraba dotada de un completo sistema de desagües que conducían el agua de lluvia al río más cercano. La ciudad se edificó en torno a dos ejes, de los cuales se desprendían pirámides, zonas residenciales agrupadas en manzanas, y delimitadas por calles y accesos hacia el centro de la ciudad. Éstas eran sólo algunas de las muchas razones por las que Teotihuacan se convirtió en un imán al que acudían comerciantes, artesanos y mercaderes de las zonas más alejadas de Mesoamérica.

No pocos de esos extranjeros se establecieron definitivamente en la urbe, creando incluso calpullis de zapotecos y de otras gentes llegadas de las costas del Golfo –como las comunidades de extranjeros en la actualidad.

Las dimensiones de la ciudad y su planificación no se explican sin la existencia de una sociedad claramente organizada, estando a la cabeza los sacerdotes, quienes ostentaban el poder político y económico, y monopolizaban el conocimiento, que les servía para dirigir la vida del pueblo.

Los comerciantes desempeñaron un papel muy especial pues en sus viajes difundieron la influencia cultural teotihuacana hasta Guatemala y El Salvador –Centroamérica–. Los artesanos y campesinos, se encargaban de producir no sólo para el consumo interno sino para intercambiar con otros pueblos.

La población vivía en los calpullis, cada uno conformado por personas del mismo oficio o por familias y parientes.

Una de las principales edificaciones era la Gran Pirámide, consagrada al culto del Sol; la grandiosidad de sus pirámides y templos dejan ver el prestigio religioso que gozó la ciudad y que con el tiempo se convertiría en un centro de peregrinación.

TULA

Las tierra de Tula fueron un verdadero paraíso terrenal. El dios Quetzalcóatl amaba a este pueblo y le entregó innumerables riquezas y una extraordinaria cultura.

La ciudad fue construida para honrar a su dios. Hermosas casas y palacios, templos donde los guardianes eran guerreros de ocho metros de altura, los llamados atlantes de Tula.

Los campos eran valles de encantamiento, donde todo era dicha y abundancia. Se cosechaban mazorcas tan grandes y gruesas que tenían que llevarlas abrazadas y eran tan abundantes que las mazorcas pequeñas las usaban como combustible. Las calabazas de esa tierra eran grandísimas como un sol naciente. Las cañas de los bledos eran semejantes a las palmas, a las cuales se podía subir por ellas.

Se producía el algodón de mil colores: rojo, amarillo, rosa, morado, verde, azul; todos los colores eran naturales, así nacían de la tierra las plantas de algodón. Nadie tenía que pintarlos. Se creaban allí aves de rico plumaje: color de turquesa, de verde reluciente, de amarillo, de pecho color de llama. Y aves preciosas de bello linaje, las que cantaban bellamente, las que en las copas de los árboles trinaban.

Las piedras preciosas eran vistas en todos lados con gran abundancia. Tanto era que todos los habitantes tenían y todos eran ricos y felices, nunca sentían pobreza o pena, nada en su casa faltaba.

Los habitantes de Tula fabricaban tejidos artísticos y mosaicos de plumas de mucho valor, y entre tanta belleza y prodigio de esa tierra de ensueño, no faltaban las rojizas cacahuaxóchitl, "flor de cacao", que con sus cinco pétalos ensangrentados salpicaban de gotitas purpurinas el famoso árbol.

Muy cierto que la famosa Tula era muy rica, abundaba todo lo necesario para el buen comer, pero nada era tan valioso como el xocolóatl, "xocóyac", ácida fermentada, de *coloa*, dar vueltas, y de *atl*, agua, que se hace con el molinillo al dar vueltas, la bebida para los dioses.

Pero vino el tiempo en que terminó la fortuna de ese dios, y por consiguiente la dicha de los toltecas. Aquella fue época de infortunio y desdicha.

Quetzalcóatl tuvo que irse de esa tierra y delante de él todas las aves de rico plumaje y dulces trinos habían abandonado para siempre los bosques y las praderas. El dios iba por veredas desiertas. Ya nada quedaba de su riqueza y poderío.

Todo se perdió en aquel lugar de sueños, la tierra fértil y bondadosa se convirtió en caliza y desértica. Y aquel arbusto extraordinario del cacao se transformó en árbol de espinosas ramas y el tesoro de su vaina en semillas sin valor.

TENOCHTITLAN

El pueblo azteca fue elegido por los dioses para establecerse en la tierra soñada. Este pueblo, al igual que el de los toltecas, procedía de un mítico lugar llamado "Chicomostoc", que significa: lugar de las siete cavernas. El dios Huitzilopochtli les prometió un paraje que identificarían por determinadas plantas y animales.

En su viaje encontraron muchos peligros, pero ellos siguieron buscando la tierra esperada. Encontraron un sauce, un pez y una rana, todos ellos de color blanco; también encontraron en medio de un lago una isla llamada Aztlan.

Este hecho llenó de alegría a los ancianos —sabios sacerdotes— y decidieron quedarse en ese lugar, pero al filo de la noche se apareció el dios Huitzilopochtli y le dijo al sacerdote Cuauhcóatl (serpiente águila):

—¡Oh, Cuauhcóatl! Ustedes se han asombrado por lo que han visto entre los cañaverales, pero aún hay algo que no han visto y que los asombrará mucho más.

—Señor Huitzilopochtli, dinos qué es lo que debemos encontrar —dijo Cuauhcóatl.

—Debes ir con tu pueblo a buscar el cactus tenochtli, sobre el cual hallarás un águila devorando una serpiente. Éste será el lugar indicado para establecerse. Allí esperarás a los pueblos que tengan que conquistar con sus dardos y escudos. Allí es donde se fundará la gran ciudad de México-Tenochtitlan.

Y luego, Huitzilopochtli le dijo: "Allí donde el águila lanza su grito, donde el pez nace, allí donde es devorada la serpiente... Allí, en Tenochtitlan, se verán muchas maravillas."

Cuauhcóatl reunió al pueblo inmediatamente y le comunicó las palabras que el dios le revelara. Luego se fueron, y abriéndose paso entre los pantanos, caminando entre juncos, alimañas y plantas acuáticas, descubrieron la escena anticipada por el dios Huitzilopochtli. Encontraron por fin, un águila devorando una serpiente, posando sobre un nopal. El dios los llamó y les dijo:

—Mexicanos, éste es el lugar.

Y todos ellos exclamaron llenos de júbilo:

—Al fin hemos sido dignos de nuestro dios, hemos contemplado las señales con asombro y aquí estará nuestra ciudad.

Una hermosa ciudad surgiría ahí, la ciudad capital de los aztecas, con calles espaciosas —unas de agua y otras de tierra— y muy bellos templos y palacios.

Cada mañana, durante el día se veía que por los canales andaban canoas, en unas vendían flores y en otras frutas y en otras vasijas y cosas de alfarería. En los mercados había muchísima gente saludándose con respeto, yendo de puesto en puesto, curioseando; nunca tiraban la basura en las calles, para que el suelo no ensuciara el pie desnudo.

Las casas eran de adobe. Había muchos templos pero el más importante era el templo grandioso del dios de la guerra: Huitzilopochtli, de ébano y jaspes, con piedra fina como nubes y con cedros de olor; y en el tope, sin apagar jamás, las llamas sagradas de sus seiscientos braceros. En las calles, la gente iba y venía en sus túnicas cortas y sin mangas, blancas o de colores con hermosos bordados, y los zapatos eran como sandalias de botín que a veces llegaban hasta la rodilla. Por una esquina salía un grupo de niños jugando y corriendo o tocando con sus flautitas de barro en el camino a la escuela, donde se enseñaban oficios de mano como la orfebrería, el canto y el baile, con sus lecciones de danza y flecha y sus horas para la siembra y el cultivo: porque todo hombre aprendía a trabajar en el campo, a hacer las cosas con sus propias manos y a defenderse.

Los gobernantes paseaban entre su pueblo, pasaban con su manto largo adornado de plumas ricas, detrás de él venían tres guerreros con cascos de madera, uno con forma de cabeza de serpiente, otro de lobo y otro de tigre, y por fuera la piel, pero con el casco de modo que encima de las orejas se les viesen las tres rayas que significaban la señal de valor.

El rey tenía muchas aves y muchos peces de plata y carmín en peceras de piedra fina escondidas en los laberintos de sus jardines.

La gente se paraba en las calles cuando pasaban los recién casados, con la túnica del novio cosida a la de la novia, como para anunciar que estaban juntos en el mundo hasta la muerte.

Otros hacían grupos para oír al viajero pregonar lo que veía en otras tierras, como en la tierra brava de los zapotecas, donde había otro gobernante que mandaba en los templos, en el palacio real y no salía nunca de pie, sino en hombros de los sacerdotes.

Se oía entre las conversaciones de la calle el rumor de los árboles de los patios y el ruido de las limas y el martillo.

Fue en verdad grandiosa la ciudad de México- Tenochtitlan.

Entre las plazas había una muy grande, toda rodeada de portales, donde iban las personas a comprar y a vender. Ahí había todo tipo de mercancías, como conchas, caracoles, metales y piedras preciosas, huesos, plumas; hilados de algodón, pinturas de varios colores y cueros curtidos de animales; materiales de construcción y maderas; verduras y frutas; leña, carbón y braseros de barro; miel de abeja, de maíz y de maguey; petates de todo tipo y tamaño; maíz en grano y en tortilla; pescado fresco, salado y guisado; así como alfarería de barro.

Esta plaza tenía una calle especial para cada tipo de producto, había una para la "caza", donde vendían aves de distinto tipo y muchos otros animales, como el conejo, la liebre y el venado. También tenía una calle de "herbolarios", donde se compraban todas las hierbas medicinales que conocían.

También había casas donde se preparaban medicamentos, casas de baños curativos, y otras más donde se podía comer y beber. Había una gran casa donde siempre estaban sentadas diez o doce personas que atendían todo lo que acontecía en el mercado, lo que se vendía y cómo se vendía, hasta castigar delincuentes.

A ese mercado llegaba cuanta cosa se hallaba en todas las regiones cercanas a la gran ciudad de Tenochtitlan.

GUERREROS Y SACERDOTES

Semejante a una piedra preciosa
verde es mi corazón;
pero todavía veré el oro
y me regocijaré si ha madurado,
si ha nacido el caudillo de la guerra

POLITEÍSMO

Entre los aztecas existía la idea de un dios único, que se desdoblaba en dos principios, uno masculino y otro femenino; Ometecuhtli y Omecíhuatl, que era la pareja de la que procedían los demás dioses.

Así, tuvieron cuatro hijos: Tezcatlipoca Negro o dios del Norte; Tezcatlipoca Rojo o Xipetótec, dios del Este; Tezcatlipoca Blanco o Quetzalcóatl, dios del Oeste; y Tezcatlipoca Azul o Huitzilopochtli, dios de la guerra o del Sur.

Después de ellos surgieron todos los demás dioses.

Politeístas, adoraban a un sinnúmero de deidades que representaban las fuerzas y manifestaciones de la Naturaleza, los templos constituían no sólo los lugares más visibles y dominantes de la ciudad, sino el centro de la vida misma.

Los templos generalmente eran grandes pirámides; el mayor templo mexica estaba dedicado a Huitzilopochtli y a Tláloc, y tenía 114 escalinatas y una altura que rebasaba los 30 metros –¡imagínate!... –¿alguna vez has subido una escalera de 114 escalones?– y tenía que ser atendido por una legión de sacerdotes; también existían sacerdotisas, ambos eran educados desde pequeños con disciplinas severas, pues constituían la clase intelectual de las comunidades y, a su debido tiempo, comenzaban a encargarse del registro histórico de la ciudad, del vaticinio del futuro y del manejo del calendario.

La fecha de culto que exigía cada dios estaba prevista ya en el calendario –de la misma manera que en la actualidad se festeja a los santos en un día determinado.

El ritual del sacrificio humano incluía una especie de confesión, ayuno y abstinencia; danzas, cantos y juegos; ofrendas florales y alimentos; sacrificio de animales preciosos y el ofrecimiento de la propia sangre que sacerdotes y ciudadanos se extraían de las orejas, labios, lengua y otras partes del cuerpo, hiriéndose con espinas o rasgándose con cuchillas de obsidiana.

En el momento de producirse la conquista, la deidad suprema era Huitzilopochtli, el dios de la guerra, la divinidad tutelar de los aztecas; le seguía en importancia Tezcatlipoca, dios que asumió numerosos atributos, siendo la divinidad hechicera la más representativa; protegía a los guerreros y fomentaba las enemistades y discordias, pero también otorgaba prosperidad y riqueza, aunque la retiraba cuando se le antojaba. Tezcatlipoca era un dios estelar pues se transformó en estrella polar para propiciar el primer fuego (en otro mito se convierte en Osa Mayor).

La ceremonia en honor de este dios era dramáticamente impresionante: con un año de anticipación se escogía al prisionero de guerra que habría de morir en sacrificio a Tezcatlipoca; debía ser el prisionero más hermoso y valiente. Durante ese año, los sacerdotes le enseñaban modales regios y lo atendían con toda diligencia; el prisionero tocaba la flauta, entonando melodías divinas y la gente le ofrecía homenajes como al propio dios.

Un mes antes del sacrificio, cuatro doncellas ataviadas como diosas se convertían en sus compañeras y lo complacían en todos sus deseos. El día de su muerte se despedía de ellas para encabezar la procesión en su honor, que se distinguía por su júbilo y festividad. Después decía el último adiós al sacerdote que se encargaba de él durante el año. Los sacerdotes subían primero al templo y él los seguía, rompiendo en cada escalón una flautilla de las que hubiera tocado en sus horas felices de encarcelación. En lo alto de la plataforma, los sacerdotes lo tendían y le extraían el corazón. Su cuerpo era bajado también por las escaleras, al contrario de su cabeza, que era aventada a un lugar donde tenían los cráneos de los sacrificados.

Quetzalcóatl, "la serpiente emplumada", era el dios de la sabiduría; su culto se extendía hasta tierras mayas –sureste del país– quienes lo presentaban con el nombre de Kukulcán. A diferencia de los otros dioses y sacerdotes, no gustaba de los sacrificios humanos.

Tláloc era otro dios muy importante entre los aztecas y otras culturas pues mantenían una actividad agrícola muy intensa. Las tallas en piedras verdes eran características para rendirle culto, por ser éste el dios de la fresca vegetación. Los muertos que iban al reino de Tláloc eran enterrados junto con una rama seca porque se creía que la ramita volvería a retoñar después de que el difunto llegara hasta Tláloc.

Estas divinidades son sólo algunas de las múltiples a las que los aztecas rendían culto; basta recordar que cada casta –clase social–, y oficio honraba a un dios específico o "genios tutelares", a quienes agradecer su buena suerte, o espíritus malignos a quienes reverenciar para aplacar su ira y que las cosas marcharan mejor.

QUETZALCÓATL

Un buen día Quetzalcóatl decidió bajar a la tierra y transmitir a los hombres sus conocimientos. Antes de dejar el hogar donde vivía con sus creadores –el señor y la señora Ome–, "la serpiente emplumada" fue a su huerta, rodeada de jardines encantados, y recogió algunas semillas de cacáhuatl y cacao para traerlas a la tierra y obsequiarlas a los hombres.

Quetzalcóatl descendió traído por el viento y se instaló en un lugar llamado Tolantzingo que significa atrás de los tules; allí construyó cuatro palacios multicolores, cada uno orientado hacia los cuatro puntos cardinales o rumbos del universo. Vivía en total abstinencia y castidad; pasaba los días meditando y haciendo penitencia en honor del dios Nahuaque, "el que todo lo abarca".

También se preocupaba por sembrar las semillas que había traído consigo y recolectar sus frutos. Había pedido permiso a los dioses para enseñarles a los hombres el secreto de la preparación de la bebida sagrada, el xoxocóatl, hecho con cacao y vainilla y endulzado con miel.

Ante la pobreza y los pocos conocimientos de la gente de Tolan, Quetzalcóatl decidió ayudarlos; por las noches subía a las montañas a hacer penitencia y solicitar a los dioses que le inspiraran conocimientos nuevos para que él, a su vez, los enseñara al pueblo.

Los toltecas recibieron la sabiduría y las artes a través de Quetzalcóatl; antes no sabían oficio alguno ni la tarea de la siembra, con la llegada del dios-sacerdote, Tula fue una de las regiones más prósperas. Ya nada les era difícil; obtener piedras preciosas y labrarlas, fundir oro, tomar el plumaje de las aves maravillosas y hacer tocados con ellas.

Eran ricos y como todos tenían de todo, las cosas no tenían precio. Las calabazas eran grandes y gruesas. Las mazorcas de maíz eran tan grandes y tan gruesas como la mano de un metate. Las matas de bledos, semejantes a las hojas de palmera. El algodón nacía de muchos colores: rojo, amarillo, verde, morado , azul, rosa...

Nada faltaba en sus casas, nunca pasaban hambre entre ellos; eran muy felices y nadie sabía qué significaba estar triste o ser pobre.

De pronto, Quetzalcóatl dejó de subir a las montañas a ofrecer sus rezos y alabanzas a los dioses. Se encerró en sus palacios y no quiso ver ni escuchar a nadie... Algo le sucedía a Quetzalcóatl. En Tula y las poblaciones cercanas, corría el rumor de que el gran dios y sacerdote Quetzalcóatl estaba muy enfermo. "Oh, toltecas, eleven sus plegarias a los dioses para que den alivio a nuestro señor ...¡Oh, adoradores de la preciosa serpiente, el sacerdote y guerrero Quetzalcóatl les ordena que hagan penitencia y mortifiquen sus cuerpos y los ofrezcan a los dioses".

Pero Quetzalcóatl no pedía nada; sólo estaba encerrado. Era debido a que los hechiceros no estaban de acuerdo con lo que el sacerdote guerrero proponía: no al sacrificio de los hombres por los dioses. Los dioses, efectivamente, hacía tiempo que habían abandonado al gran Quetzalcóatl.

Muchas veces los hechiceros quisieron sonsacarlo para que ofreciera sacrificios humanos, y como aquél nunca aceptaba, los magos se burlaban y disgustaban con él, hasta que decidieron enfermarlo y hacerlo viejo y que muriera o abandonara para siempre Tula.

Y un mal día el dios negro, Tezcatlipoca, disfrazado de viejito, se presentó en los palacios de Quetzalcóatl, afirmando que llevaba la medicina que habría de curar al sacerdote guerrero.

El viejecillo, en realidad, era un enviado de los hechiceros que le destrozaron el corazón y provocaron su ruina. El dios negro no llevaba, por lo tanto, la medicina que pretendía aliviarlo, sino una bebida para emborrachar al gran sacerdote.

Estando juntos, Tezcatlipoca le mostró un espejo para que viera cuán feo y viejo se había vuelto; Quetzalcóatl no pudo soportarlo y el dios negro le prometió que si tomaba la medicina iría al país de la abundancia de pinturas negras, al país del misterio... "Allí te esperará otro anciano y te conducirá de regreso al cielo, pero no decaído y feo como ahora estás, sino hermoso y brillante como un lucero".

Quetzalcóatl hizo caso y bebió, bebió tanto hasta embriagarse y perder la razón, dejándose arrastrar por los hechiceros a cometer todo tipo de desenfreno y olvidar su pureza.

Los hechiceros se dedicaron a hacer maleficios y sacrificios humanos. Los habitantes de Tula quedaron muy tristes al ver que su rey rompía lo que antes predicaba; el cielo se oscureció y la neblina bajó a la tierra y los pájaros ya no cantaron más.

Al día siguiente, lleno de vergüenza insoportable, Quetzalcóatl decidió abandonar Tula. No se consideraba ya un rey digno para su amado pueblo. Se marchaba hacia la región de la luz, al oriente, en donde está la tierra de la sabiduría a limpiar su alma.

Llegó a las costas del mar en el Golfo y desapareció. Una leyenda apunta que se embarcó en una balsa mágica hecha de serpientes, y se hizo a la mar, cubierto con su manto de plumas, y prometiendo volver algún día. Otra, cuenta que se arrojó a una hoguera y salió de ella convertido en un astro.

NEZAHUALCÓYOTL

De niño fue tocado por los dioses como señal de lo que su futuro encerraba; jugaba un día con otros niños y se resbaló a un río... los dioses lo salvaron y lo llevaron consigo al cerro de "las sutiles nieblas".

Ahí le honraron untándole en todo el cuerpo sangre ofrecida a los dioses en sacrificio, algo de lo que sólo eran merecedores los sacerdotes. Después los mismos dioses lo devolvieron al río: el niño Nezahualcóyotl, "Coyote divino", debía salir por su propio esfuerzo.

Desde de su infancia recibió esmerada educación, tanto en sus años en el palacio paterno, como de sus maestros en el principal calmécac de Texcoco. Gracias a esto pudo aden-

trarse muy joven al conocimiento de las doctri-
nas y sabiduría heredadas por los toltecas.

Cuando tenía dieciséis años, vio el asesina-
to de su padre en manos de los guerreros de
Tezozómoc, gobernante de Azcapotzalco, con
la consiguiente ruina de Texcoco sometida al
poder de la nación tepaneca.

La muerte de su padre fue el comienzo de
una larga serie de desgracias, persecuciones y
peligros que Nezahualcóyotl habría de sufrir
junto con su pueblo.

Además de príncipe, guerrero y emperador, Nezahualcóyotl era un extraordinario poeta; desde su juventud tuvo ocasión de estar en
contacto con otros poetas y sabios, como es el
caso de Coyolchiuhqui, "el forjador de cascabeles", uno de los hijos de Itzcóatl, quien le ayudó
a escapar en el momento en que la gente de
Azcapotzalco perpetraba la muerte de su padre.

Ganándose el aprecio de los señores veci-
nos a Texcoco, Nezahualcóyotl pudo empren-
der la tarea de liberar sus tierras y a su pueblo
que había caído junto con su padre, pudiendo
establecerse, con la ayuda de Tenochtitlan, en
Texcoco recuperado definitivamente. Fue un

largo reinado de más de cuarenta años de esplendor, época en que florecieron la cultura y las artes. Se edificaron palacios, templos, jardines botánicos y zoológicos.

También fue consejero de los reyes mexicas y, como arquitecto, diseñó y dirigió la construcción de calzadas, obras de introducción del agua a México, la edificación de los diques o albarradas para aislar las aguas saladas de los lagos, e impedir futuras inundaciones.

Sus palacios tenían salas dedicadas a la música y la poesía, en donde se reunían los sabios, los conocedores de los astros, los sacerdotes, los jueces y quienes se interesaran por lo más elevado de las creaciones dentro de ese nuevo florecimiento, cimentado en la tradición tolteca.

Como legislador, promulgó una serie de leyes, muchas de las cuales se conservan en antiguas transcripciones que dejan entrever su sabiduría y profundo sentido de la justicia. Es cierto que por su alianza con México-Tenochtitlan, hubo de participar en numerosas guerras y transigió en prácticas y ceremonias religiosas con las que en más de una ocasión manifestó su desacuerdo.

Pero en su vida personal se apartó del culto a los dioses, contrariamente a lo acostumbrado por la generalidad de esas culturas y se opuso, hasta donde le fue posible, al rito de los sacrificios humanos. Como testimonio visible del sesgo que había tomado su pensamiento, mandó construir frente al templo del dios Huitzilopochtli, otro templo, pero éste en honor de Tloque Nahuaque, "el dueño del cerca y del junto, el invisible como la noche e impalpable como el viento", el mismo al que hace referencia constantemente en sus meditaciones y poemas.

Setenta años vivió el sabio señor de Texcoco. Presintiendo su muerte, días antes, reunió a los miembros del Consejo de Texcoco, y a los embajadores de México y Tlacopan, y al pequeño príncipe Nezahualpilli, de apenas siete años; delante de toda la nobleza allí reunida, tomó a Nezahualpilli entre sus brazos y lo cubrió con la vestimenta real que él llevaba puesta, diciendo: "Veis aquí a vuestro príncipe señor natural, aunque niño, es sabio y prudente, él os mantendrá en paz y justicia, y a quien obedeceréis como leales vasallos". Después se despidió de todos sus hijos, de los cuales se dice, fueron sesenta varones y cincuenta y siete doncellas, haciendo un total de ciento diecisiete hijos.

Formalmente el heredero a la corona era el príncipe Tezauhpintzintli, pero a causa de intrigas de un hermano suyo, fue acusado de tener intenciones de levantarse en armas contra el rey, su padre. Fue juzgado, sentenciado a muerte y ejecutado por órdenes del propio rey.

Nezahualcóyotl, el poeta, tuvo ciertas obsesiones constantes en su poesía, como lo es el tiempo o fugacidad de cuanto existe, la muerte inevitable, el más allá y el enigma del hombre frente al Creador.

¿Sabías que?

Existían dos tipos de escuela: los *calpullis*, para los plebeyos; y los *calmécac*, destinados a los hijos de los señores. En la primera se formaba a los guerreros, en la segunda se enseñaba además ciencias, tradiciones y religión.

Moctezuma Xocoyotzin

Moctezuma significa señor respetable, el más joven descendiente por línea paterna de Quetzalcóatl y de la dinastía tolteca a través de la rama colhua-mexicana, entroncada en Acamapichtli y sus sucesores directos que fueron Huitzilíhuitl, Itzcóhuatl, Huehuemotecuhzoma su bisabuelo y Axayácatl su padre. Por el lado materno era tenido como descendiente del gran chichimeca Xólotl, ancestro de Nezahualcóyotl, señor de Texcoco, su abuelo, padre de Xochicuéyetl, su madre.

Durante su gobierno, los pueblos de Anáhuac alcanzaron su época de oro, debido al enorme desarrollo cultural, social, científico, artístico y político.

La carrera militar de Moctezuma fue fulgurante, pues a la edad de 22 años, en la guerra de Cuauhtla y por sus propias manos, tomó varios prisioneros, lo que le valió el ascenso a tlacatécatl, o sea, general del ejército, y dos años después aparece como tlacochcálcatl, el grado supremo en el ejército y como tecuhtlatoque, que lo hacía miembro del Consejo Supremo del Estado.

Por su habilidad como diplomático, intervino para formar la confederación de múltiples señoríos, los que pagarían ciertos impuestos a cambio de beneficios económicos, políticos y militares de la Federación del Valle de México.

A la muerte de Ahuízotl y en consideración de sus grandes cualidades y méritos, fue electo por unanimidad de entre más de 80 candidatos al gobierno, pues según las crónicas les excedía en valor, en hazañas guerreras, en sabiduría y en buen juicio.

Moctezuma fue un gran reformador y educador de su pueblo; en cuanto asumió el poder, pidió al Consejo Supremo del Tlahtocan que se convocara a elecciones para que los funcionarios más dignos y amados por el pueblo ejercieran las principales atribuciones del Estado.

Exigió que todo miembro del gobierno fuera en extremo educado y de costumbres intachables.

Proscribió la ociosidad como uno de los peores vicios del hombre.

Fue el único gobernante de su tiempo en el mundo que exigiera la educación obligatoria de todos los miembros de la sociedad.

Inició sus labores con un reparto de tierras, como premio a quienes realizaran servicios al Estado o por sobresalir en méritos y conocimientos.

En las épocas de penuria por sequía y malas cosechas, abrió las puertas de los almacenes del gobierno al pueblo, para subsanar el hambre y remediar la situación angustiosa.

Mantuvo los dominios del estado tripartita en constante paz y con peculiar habilidad confederó en su tiempo a cuarenta y cuatro señoríos, extendiendo sus dominios desde lo que ahora conocemos como Jalisco, San Luis Potosí y la Huasteca al norte, hasta Nicaragua al sur (*nican nahuatl* significa: hasta aquí los nahuas).

En su tiempo unió por caminos y montañas a todos los pueblos, ordenó la realización de esculturas de ornato en templos y palacios, cultivó el canto, la danza y organizó parques zoológicos, jardines botánicos y apoyó estudios para clasificar las plantas comestibles, venenosas y medicinales.

Fue un buen guerrero, pero a través del tiempo se inclinó por la formación sacerdotal. Valiente defensor de su pueblo a la llegada de los españoles. Murió en 1520 junto con su imperio.

Cuauhtémoc

La sacerdotisa y partera auguró que el futuro del recién nacido sería amargo; los dioses así lo habían escrito, era su designio. Y era evidente: ese día se registró un eclipse, símbolo de mala suerte. Enterraron el cordón umbilical en el campo de batalla, en señal de su profesión de guerrero, como era la tradición de los antepasados. Había nacido el que sería el último emperador azteca. Cuauhtémoc, "águila del crepúsculo".

Era hijo de Ahuízotl y de una princesa tlatelolca; fue nombrado, primeramente, gran señor de Tlatelolco, tiempo después fue el emperador azteca que combatiera valientemente ante los españoles y que éstos le tomaran preso

junto con el señor Tlacopan, para que confesara dónde ocultaba los tesoros mexicas.

Al caer Tlatelolco, último reducto mexica, en poder de Hernán Cortés, culminaron 75 días de asedio por parte de las fuerzas peninsulares y de sus aliados indígenas, formados por tributarios de Tenochtitlan que, en alianza efímera con los españoles, tomaban venganza en contra de quienes los habían explotado.

Ni Cuauhtémoc ni Tlacopan confesaron, con todo y que los conquistadores se valieron de la tortura; les ataron brazos y piernas y les quemaron las plantas de los pies.

De ese triste suceso se desprende una irónica frase: "¿Acaso crees tú, que yo estoy en un lecho de rosas?"... dicen que respondió el gran emperador luego de que Tlacopan se quejara: "Señor... ¡ya no puedo más!"

Cuauhtémoc, en un gesto revelador señala el puñal de Cortés y le dice: "Señor Malinche, ya he hecho lo que estoy obligado en defensa de mi ciudad, y no puedo más, soy preso ante tu persona y poder, toma ese puñal que tienes en la cintura y mátame luego con él". Lo que el joven tlatoani quería que comprendieran sus captores, era que, al ser prisionero de guerra, debía morir sacrificado conforme a la costumbre indígena, para que, como guerrero, pudiera acompañar al Sol.

No pide perdón, pide la muerte digna del guerrero. Pero Cortés no entiende esto... lo perdona. El joven prisionero deseaba más profundamente la muerte que la existencia a la que se le condenaba.

Luego de eso, Cortés se dirigió hacia tierras del sur llevando consigo al emperador Cuauhtémoc, ya en el viaje lo acusó de conspiración y lo ahorcó.

MAPAS

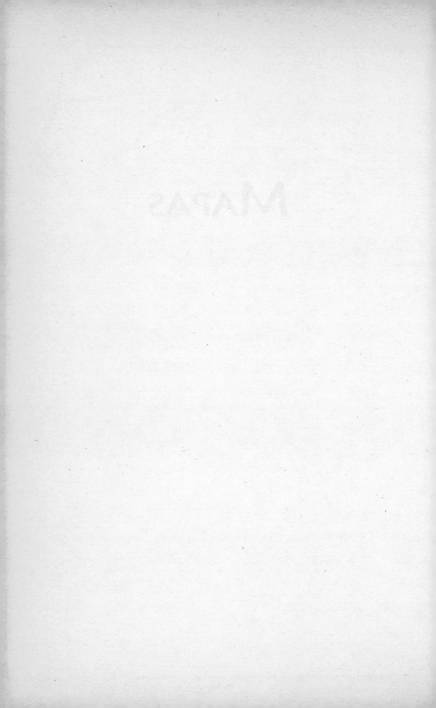

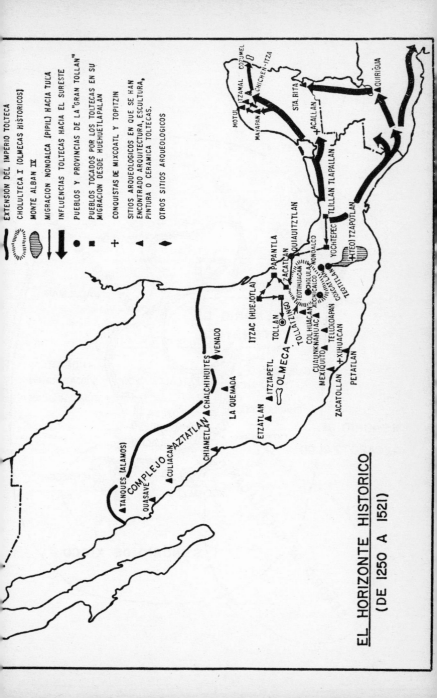

EXTENSION DEL IMPERIO TOLTECA

CHOLULTECA I (OLMECAS HISTORICOS)

MONTE ALBAN IV

MIGRACION NONOALCA (PIPIL) HACIA TULA

INFLUENCIAS TOLTECAS HACIA EL SURESTE

PUEBLOS Y PROVINCIAS DE LA "GRAN TOLLAN"

PUEBLOS TOCADOS POR LOS TOLTECAS EN SU
MIGRACION DESDE HUEHUETLAPALAN

CONQUISTAS DE MIXCOATL Y TOPITZIN

SITIOS ARQUEOLOGICOS EN QUE SE HAN
ENCONTRADO ARQUITECTURA, ESCULTURA,
PINTURA O CERAMICA TOLTECAS.

OTROS SITIOS ARQUEOLOGICOS

EL HORIZONTE HISTORICO
(DE 1250 A 1521)

Esta edición se imprimió en Agosto de 2004. Grupo Impresor
Mexicano. Trueno Mz. 88 Lt. 31 México, D. F. 09630